頻出度順

漢字検定問題集 6級

成美堂出版

本書の見方と使い方

1 POINT 頻《ひん》出度(よく出る)順だから勉強しやすい!

本書では、これまでの試験問題18年分(約240回分)を集計し、出題回数に応じて、A～Cのランクに分けて出題しています。試験によく出る順に学習できるので、短時間で効率的に学習できます。

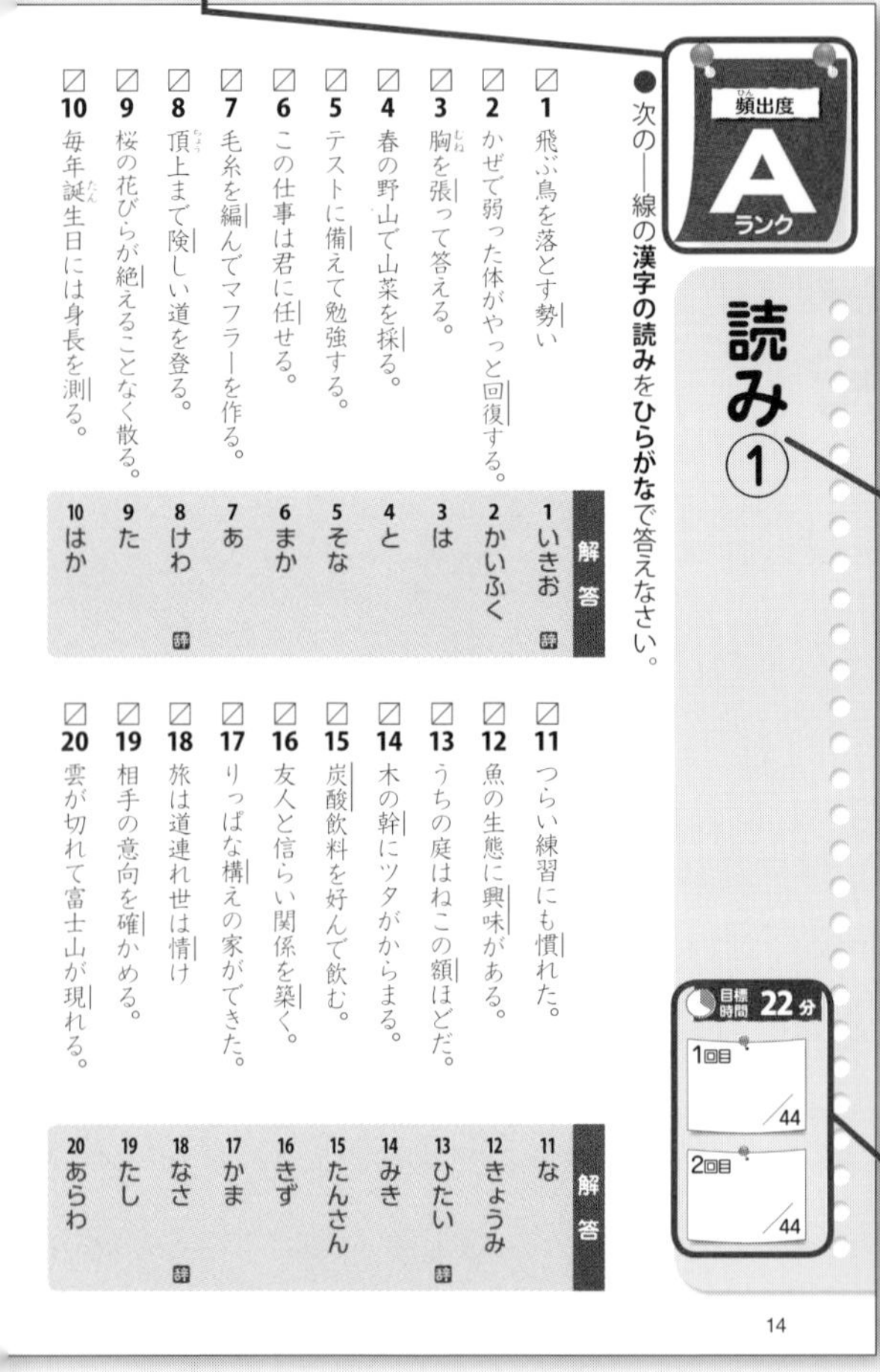
頻出度
A
ランク

読み ①

● 次の――線の**漢字の読み**を**ひらがな**で答えなさい。

1 飛ぶ鳥を落とす勢い
2 かぜで弱った体がやっと回復する。
3 胸《むね》を張って答える。
4 春の野山で山菜を採る。
5 テストに備えて勉強する。
6 この仕事は君に任せる。
7 毛糸を編んでマフラーを作る。
8 頂《ちょう》上まで険しい道を登る。
9 桜の花びらが絶えることなく散る。
10 毎年誕《たん》生日には身長を測る。

解答
1 いきお
2 かいふく
3 は
4 と
5 そな
6 まか
7 あ
8 けわ
9 た
10 はか

11 つらい練習にも慣れた。
12 魚の生態に興味がある。
13 うちの庭はねこの額ほどだ。
14 木の幹にツタがからまる。
15 炭酸飲料を好んで飲む。
16 友人と信らい関係を築く。
17 りっぱな構えの家ができた。
18 旅は道連れ世は情け
19 相手の意向を確かめる。
20 雲が切れて富士山が現れる。

解答
11 な
12 きょうみ
13 ひたい
14 みき
15 たんさん
16 きず
17 かま
18 なさ
19 たし
20 あらわ

目標時間 22分
1回目 /44
2回目 /44

14

Aランク
これまでに最も出題されているもの。

Bランク
これまでの試験でよく出題されているもの。

Cランク
それほど多く出題されていないが、満点をめざすなら学習しておきたいもの。

出題分野

漢字検定６級では11の分野に分かれています。

目標時間と自己採点記入欄

実際の試験時間(60分)から換算した目標時間です。

5 POINT 別冊《さつ》「漢字検定６級合格ブック」で配当漢字を完全マスター!

「6級配当漢字表」をはじめ、「重要なじゅく字訓・当て字」「よく出る部首の問題」など役立つ資料をコンパクトにまとめました。持ち運びに便利なので、別冊《さつ》だけ持ち歩いて、いつでもどこでも暗記ができます。赤シートにも対応しています。

2 POINT 赤シートで答えなどをかくせるからスピーディにチェックできる！

答えを赤シートでかくしながら解いていけばいいので、何度でも気軽に問題を解くことができます。

チェックボックス

まちがえた問題をチェックできるので、くり返し勉強できます。

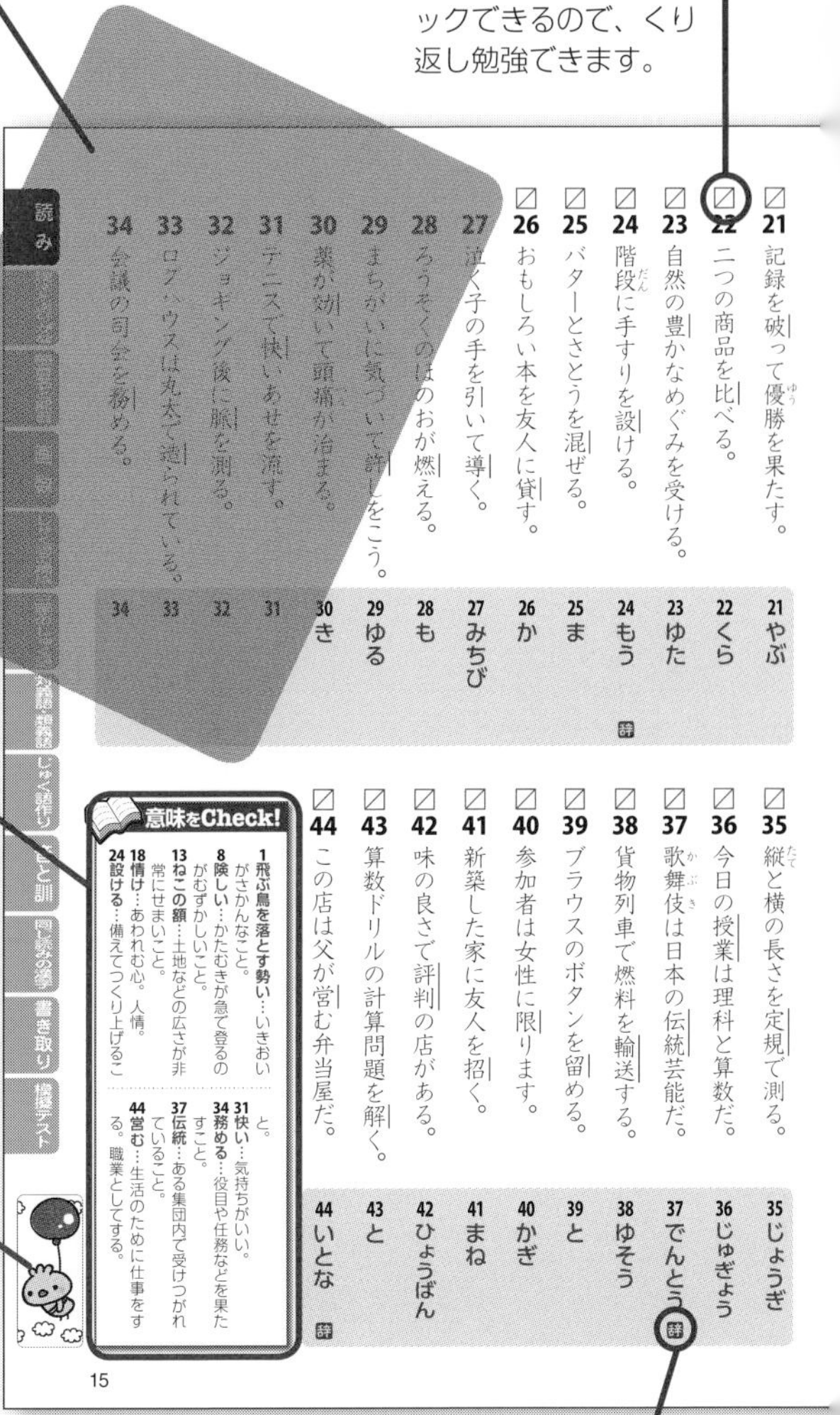

21 記録を破って優《ゆう》勝を果たす。
22 二つの商品を比べる。
23 自然の豊かなめぐみを受ける。
24 階段《だん》に手すりを設ける。
25 バターとさとうを混ぜる。
26 おもしろい本を友人に貸す。
27 泣く子の手を引いて導く。
28 ろうそくのほのおが燃える。
29 まちがいに気づいて許しをこう。
30 薬が効いて頭痛が治まる。
31 テニスで快いあせを流す。
32 ジョギング後に脈を測る。
33 ログハウスは丸太で造られている。
34 会議の司会を務める。

21 やぶ 22 くら 23 ゆた 24 もう 辞 25 ま 26 か 27 みちび 28 も 29 ゆる 30 き 31 32 33 34

35 縦《たて》と横の長さを定規で測る。
36 今日の授業は理科と算数だ。
37 歌舞伎《かぶき》は日本の伝統芸能だ。
38 貨物列車で燃料を輸送する。
39 ブラウスのボタンを留める。
40 参加者は女性に限ります。
41 新築した家に友人を招く。
42 味の良さで評判の店がある。
43 算数ドリルの計算問題を解く。
44 この店は父が営む弁当屋だ。

35 じょうぎ 36 じゅぎょう 37 でんとう 辞 38 ゆそう 39 と 40 かぎ 41 まね 42 ひょうばん 43 と 44 いとな 辞

意味をCheck!
1 飛ぶ鳥を落とす勢い…いきおいがさかんなこと。
8 険しい…かたむきが急で登るのがむずかしいこと。
13 ねこの額…土地などの広さが非常にせまいこと。
18 情け…あわれむ心。人情。
24 設ける…備えてつくり上げること。
31 快い…気持ちがいい。
34 務める…役目や任務などを果たすこと。
37 伝統…ある集団内で受けつがれていること。
44 営む…生活のために仕事をすること。

読み　しゅく語作り　ことわざ　同じ読みの漢字　書き取り　模擬テスト

15

3 POINT 辞書いらずのていねいな解説！

辞書をひきたくなるようなむずかしい言葉には、意味を書いてあります。

ひよこのパラパラマンガ

つかれたときにめくってみてください。

辞書のアイコン

この問題の解答または文中の語句について、「意味をCheck《チェック》!」らんで意味を説明しています。

4 POINT 仕上げに使える模擬《もぎ》テスト２回分収録！

本試験とそっくりの形式の模擬《もぎ》テストを２回分用意してあります。実際の試験の60分間で解いて、自分で採点してみましょう。

本書の特長

試験にでやすい漢字を分析《せき》

漢字検定6級では、6級配当漢字の**193**字と**小学校5年生修了程度の835字が出題範囲《はん》**になります。

とはいえ、この字がすべて出題されるわけではありません。

下の表を見てください。この表は、漢字検定の過去問題18年分（約240回分）の試験で実際に出題された問題を分析《せき》した結果です。**出題範囲《はん》が決まっているので、特定の漢字が何度も出題されます。**

たとえば、読みの問題では「勢い」が64回も出題されている一方、「応用」は1回しか出題されていません。部首の問題では、「序」と「券」はどちらも6級配当漢字ですが、「序」が54回出題されているのに対し、「件」の出題は3回のみです。

過去問題18年分で出題の多い問題

出題分野	出題例（出題回数）
読み	勢い（64回）張る（53回）採る（49回）
漢字と送りがな	快い（52回）易しい（48回）
部首名と部首	序（54回）団（49回）容（37回）
画数	義（32回）断（31回）罪（27回）
じゅく語の構成	新旧（46回）損得（34回）
三字のじゅく語	非（非公開など）（72回）圧（高気圧など）（66回）
対義語・類義語	原因⇔結果（40回）関心＝興味（46回）
じゅく語作り	政・鉱（32回）仮・検（30回）
音と訓	雑木・桜草（36回）大判・布地（32回）
同じ読みの漢字	厚い（42回）―熱い（24回）移す―写す（34回）
書き取り	燃える（65回）貸す（61回）

頻《ひん》出度順だから効率的に学習できる

分析《せき》結果からA、B、Cランクに分類

本書では、この結果をもとにして、出題回数が多い順に**Aランク**（最頻出問題）、**Bランク**（必修問題）、**Cランク**（満点問題）の3つのランクに分類して問題を掲載しています。

A ランク 最頻出問題。過去に**何度もくり返し出題された問題**で、これからも出題されやすい「**試験によく出る問題**」です。覚えておけば得点源《げん》につながり、短期間での合格も可能です。

B ランク **必修問題**。比較《かく》的よく出る問題で、覚えておけば確実に合格することにつながります。

C ランク **満点問題**。出題頻度はそれほど高くありませんが、満点をめざすならば覚えておきたい問題です。

6級配当漢字の中で、出題分野によっては実際には出題されたことのない漢字もあります。本書は頻出度順のため、そのような漢字を覚えなくてもよいようになっています。

漢字検定6級 受検ガイド

実施は年3回、だれでも受けられる

漢字検定は、年齢《れい》、性別、国籍《せき》を問わず、だれでも受検できます。

受検方法には、公開会場での個人の受検、準会場での団体受検、コンピューターを使って試験を受けるCBT受検があります。

試験に関する問合せ先

公益財団法人
日本漢字能力検定協会
【ホームページ】https://www.kanken.or.jp/
＜本部＞
京都市東山区祇園町南側551番地

ホームページにある「よくある質問」を読んで該当する質問がみつからなければメールフォームでお問合せください。電話でのお問合せ窓口は0120-509-315（無料）です。

漢字検定の概要（個人受験の場合）

試験実施	**年3回** ①6月中の日曜日 ②10～11月中の日曜日 ③翌年1～2月中の日曜日
試験会場	全国と海外の主要都市
受検料	3000円(6級)
申込方法	インターネット申し込《こ》みのみ。日本漢字能力検定協会のホームページから受検者専《せん》用サイトで申し込《こ》みを行い、クレジットカードやＱＲコード、コンビニ店頭で決済《さい》を行う
申込期間	検定日の約2か月前から1か月前まで
試験時間	**60分** 開始時間の異なる級をえらべば2つ以上の級を受検することもできる
合格基準	**200点**満点で正答率**70%**程度(**140**点程度)以上が合格の目安
合格の通知	合格者には合格証書、合格証明書、検定結果通知が、不合格者には検定結果通知が郵送される

※本書の情報は制作時点のものです。受検をお考えの方は、ご自身で（公財）日本漢字検定能力協会の発表する最新情報をご確認ください。

各級のレベルと出題内容

級	レベル（対象漢字数）	程度	主な出題内容	合格基準	検定時間
3	中学卒業程度（1623字）	常用漢字のうち約1600字を理解し、文章の中で適切に使える。	漢字の読み／漢字の書取／部首・部首名／送り仮名／対義語・類義語／同音・同訓異字／誤字訂正／四字熟語／熟語の構成	200点満点中70％程度	各60分
4	中学校在学程度（1339字）	常用漢字のうち約1300字を理解し、文章の中で適切に使える。	漢字の読み／漢字の書取／部首・部首名／送り仮名／対義語・類義語／同音・同訓異字／誤字訂正／四字熟語／熟語の構成		
5	小学校６年生修了程度（1026字）	小学校６年生までの学習漢字を理解し、文章の中で漢字が果たしている役割に対する知識を身に付け、漢字を文章の中で適切に使える。	漢字の読み／漢字の書取／部首・部首名／筆順・画数／送り仮名／対義語・類義語／同音・同訓異字／誤字訂正／四字熟語／熟語の構成		
6	小学校５年生修了程度（835字）	小学校５年生までの学習漢字を理解し、文章の中で漢字が果たしている役割を知り、正しく使える。	漢字の読み／漢字の書取／部首・部首名／筆順・画数／送り仮名／対義語・類義語／同音・同訓異字／三字熟語／熟語の構成		
7	小学校４年生修了程度（642字）	小学校４年生までの学習漢字を理解し、文章の中で正しく使える。	漢字の読み／漢字の書取／部首・部首名／筆順・画数／送り仮名／対義語／同音異字／三字熟語		

※1、準1、2、準2、8、9、10級は省略

漢字検定６級の審査基準

程度	小学校５年生までの学習漢字を理解し、文章の中で漢字が果たしている役割を知り、正しく使える。	
領域・内容	**［読むことと書くこと］** 小学校学年別漢字配当表の５年生までの学習漢字を読み、書くことができる。	●音読みと訓読みとを正しく理解していること。 ●送り仮名や仮名遣いに注意して正しく書けること（求める、失う　など）。 ●熟語の構成を知っていること（上下、絵画、大木、読書、不明　など）。 ●対義語、類義語の大体を理解していること（禁止―許可、平等―均等　など）。 ●同音・同訓異字を正しく理解していること。
	［筆　順］筆順、総画数を正しく理解している。	
	［部　首］部首を理解している。	

※本書は出題が予想される形式で構成しています。実際の試験は、漢字能力検定協会の審査基準の変更の有無にかかわらず、出題形式や問題数が変更されることもあります。

2020年度からの試験制度変更について

平成29年改訂の小学校学習指導要領が2020年度から全面実施されたことに伴い、漢字検定でも一部の漢字の配当級が変更になりました。６級では、７級配当漢字だった「囲」「紀」「喜」など21字が６級配当漢字に加わっています。一方、「恩」「賀」「群」など13字が配当漢字から外れています（５級と７級の配当漢字になりました）。本書ではこの試験制度変更を踏まえて、配当級が変更となった漢字の出題頻度を予想した上で、A・B・Cの各ランクに予想問題として掲載しています。

【出題分野別】学習のポイント

読み

配点●1問1点×20問＝20点（総得点の10％）

ほとんどの問題に6級配当漢字が使われています。音読み・訓読みの出題は、半々くらいです。

❶6級配当漢字をマスターする

短文中の漢字の読み方を答える問題です。全部で20問あり、そのほとんどすべてに6級配当漢字が使われています。

音読み・訓読みの問題は、半々程度の割合《わり》で出題されます。

これまでの試験では、次の問題が多く出題されています。

- 勢い（いきお）
- 山菜を採る（と）
- テントを張る（は）

❷じゅく字訓・当て字

6級までに学ぶじゅく字訓・当て字はいくつかありますが（別冊《さつ》の21ページ参照）、過去問題18年分で出題されたのは、次の2つだけですので、よく覚えておきましょう。

- 河原（かわら）
- 迷子（まいご）

漢字と送りがな

配点●1問2点×5問＝10点（総得点の5％）

ほとんどの問題が6級配当漢字です。とくに送りがなの長いものはよく出題されます。

❶6級の訓読みをおさらいしよう

短い文章中のカタカナ部分を、円の中の漢字と送りがなになおす問題です。ほとんどが6級配当漢字からの出題なので、訓読みをおさらいしておきましょう。

これまでの試験では

- (易)**ヤサシイ**（易しい）
- (快)**ココロヨイ**（快い）
- (険)**ケワシイ**（険しい）

などがよく出題されています。

❷文字数の多いものには注意を

6級の試験では漢字はしめされているので、正しく送りがなをつけられるかどうかが問われています。

文字数の長いものなどは、どこから送りがなになるのか覚えにくいものもあるので、正しく覚えておくことが大切です。

部首名と部首

配点● 1問1点×10問＝10点（総得点の5%）
6級配当漢字が7～8割《わり》、下級の漢字が2～3割使われています。

●6級配当漢字を暗記しよう

示された漢字の部首名と部首を答える問題です。

6級配当漢字にまじって下級の漢字も2～3割出題されているので、下の級の漢字についても部首の知識が必要です。

これまでの試験では

- ●迷・適（辶）（しんにょう／しんにゅう）
- ●寄・容（宀）（うかんむり）
- ●判・刊（刂）（りっとう）
- ●態・志（心）（こころ）

などがよく出題されています。

部首名は、試験には選択肢《し》から選ぶ形になっています。

画数

配点● 1問1点×10問＝10点（総得点の5%）
ほとんどの問題が6級配当漢字からの出題です。

●出題されやすい筆順・総画数がある

6級では、5つの漢字について、その筆順（何画目）と総画数が問われます。

6級配当漢字からの出題がほとんどですが、なかでもまぎらわしいものが出題されやすいので、筆順・画数は正しく覚えておきましょう。

これまでの試験では

	何画目	総画数
●断	（7画目）	（11画）
●妻	（5画目）	（8画）

などがよく出題されています。

じゅく語の構成

配点● 1問2点×10問＝20点（総得点の10%）
およそ8割《わり》のじゅく語に6級配当漢字が使われています。2割程度は下級の漢字のじゅく語も出題されます。

●漢字の関係を答える問題

じゅく語の上下の漢字が、どのような関係で結びついているのかを次の4つのなかから選ぶ問題です（【 】内はよく出題されるもの）。

ア 反対や対《つい》になる意味の字を組み合わせたもの。【新旧】
イ 同じような意味の字を組み合わせたもの。【清潔】
ウ 上の字が下の字の意味を説明（修飾《しょく》）しているもの。【国境】
エ 下の字から上の字に返って読むと意味がよくわかるもの。【検温】

ア～エの見分け方は、別冊27、28ページを参照して下さい。

三字のじゅく語

配点●1問2点×10問＝20点（総得点の10％）
正解部分の漢字については、ほとんどが6級配当漢字です。

●6級配当漢字が中心

漢字三字のじゅく語のうちの1文字を答える問題です。問題には下級の漢字もふくまれますが、正解の漢字は、ほぼ6級配当漢字です。

これまでの試験では

●**イ**食住（衣）
●**コウ**気圧（高）
●消費**ゼイ**（税）

などがよく出題されています。

三字のじゅく語とは言っても、「高＋気圧」「消費＋税」のように、二字じゅく語に1字加わったものがほとんどです。落ち着いてよく意味を考えて答えましょう。

対義語・類義語

配点●1問2点×10問＝20点（総得点の10％）
ほとんどの問題が6級配当漢字からの出題です。

●わからない言葉はすぐに調べよう

対義語（反対の意味の言葉）5問と、類義語（似た意味の言葉）5問が出題されます。解答となる漢字の9割程度は6級配当漢字です。

これまでの試験では

対義語
●結果⇔原（因）
●反対⇔（賛）成

類義語
●関心－（興）味
●発行－（出）版

などがよく出題されています。

漢字の読み方だけでなく、言葉の意味もきちんと知っていないと、対義語・類義語は答えられません。意味のわからない言葉に出合ったら、すぐに辞書を調べましょう。

じゅく語作り

配点●1問2点×6問＝12点（総得点の6％）
解答の多くは6級配当漢字ですが、選択肢《し》には下級の漢字も1～2割《わり》ふくまれます。

●漢字にはいろいろな読み方がある

3問1組で、2組の問題が出題されます。示されたカタカナの読みの漢字を選択肢《し》から選んで3つのじゅく語を作ります。解答となる漢字は6級配当漢字が中心ですが、下級の漢字も出題されます。

これまでの試験では

●**コウ**（鉱）石・（耕）地・（講）習
●**セイ**（政）治・（制）服・（精）神

などがよく出題されています。

なかなか解答が出ない場合、たとえば「（　）神」なら、「神」を「しん」「かみ」と読みかえながら選択肢《し》の漢字を当てはめていく方法もあります。

音と訓

配点●1問2点×10問＝20点（総得点の10％）
6級配当漢字が8割《わり》程度、下級の漢字が2割《わり》程度使われています。

●まぎらわしいものに注意を

二字じゅく語につけられたふりがなが、それぞれ音読みか訓読みかを考え、その組み合わせを答える問題です。これまでの試験では、

ア 音と音　イ 音と訓　ウ 訓と訓　エ 訓と音

●桜草《さくらそう》（エ）
●雑木《ぞうき》（イ）

などがよく出題されています。ほかにも、「**仕事**《しごと》（イ）」や「**味方**《みかた》（イ）」など、まちがえやすいものはとくにしっかり覚えておきましょう。

同じ読みの漢字

配点●1問2点×9問＝18点（総得点の9％）
解答となる漢字の8割《わり》程度が6級配当漢字で、下級の漢字も2割《わり》程度出題されます。

●6級配当漢字の音読みが出題

2問か3問1組で、4組の問題が出題されます。それぞれ同じ読みのちがう漢字を答えるもので、8割《わり》程度が6級配当漢字です。

これまでの試験では

●ぶ**アツ**い布（厚）
　お湯が**アツ**い（熱）
●こん虫**サイ**集（採）
　サイ害が起こる（災）

などがよく出題されています。

訓読みの出題数は1～2割《わり》ですが、「**厚い・暑い・熱い**」「**飼う・買う**」「**写す・移す**」など、出題されるものは、ほぼ決まっています。

書き取り

配点●1問2点×20問＝40点（総得点の20％）
ほとんどの問題が6級配当漢字からの出題です。

❶出題は6級配当漢字が中心

書き取りも、6級配当漢字からの出題がほとんどですが、音読みと訓読みの割《わり》合は、試験によってまちまちです。得意・不得意をつくらないように、しっかり学習しましょう。

●勢いよく火が**モ**える（燃）
●**キンシ**する（禁止）

などがよく出題されています。

❷漢字を正しく書く

せっかく漢字を覚えていても、乱《らん》暴《ぼう》な字を書いて×になったら、もったいない話です。ていねいに、正しい文字を書くよう心がけましょう。

もくじ

本書は、
- ［頻《ひん》出度順］問題集（A、B、Cランク）
- 模擬《もぎ》テスト
- ［別冊《さっ》］漢字検定6級合格ブック

で構成されています。

Cランク 満点問題

模《も》擬《ぎ》テスト …… 127

[別冊] 漢字検定6級合格ブック

本書は2024年1月現在の情報に基づいています。

【頻《ひん》出度順】問題集

頻出度 A ランク

最頻《ひん》出問題

過去の試験で最も出題されているもの。

頻出度 B ランク

必修《ひっしゅう》問題

過去の試験でよく出題されているもの。

頻出度 C ランク

満点問題

出題頻《ひん》度はそれほど多くないが
満点をめざすなら学習しておきたいもの。

パラパラマンガです。
息ぬきしたいときにめくってね。
風船でフワフワとんでいるよ。

頻《ひん》出度

A

ランク

読み①

● 次の――線の**漢字の読み**を**ひらがな**で答えなさい。

- ☐ 1 飛ぶ鳥を落とす勢い
- ☐ 2 かぜで弱った体がやっと回復する。
- ☐ 3 胸《むね》を張って答える。
- ☐ 4 春の野山で山菜を採る。
- ☐ 5 テストに備えて勉強する。
- ☐ 6 この仕事は君に任せる。
- ☐ 7 毛糸を編んでマフラーを作る。
- ☐ 8 頂《ちょう》上まで険しい道を登る。
- ☐ 9 桜の花びらが絶えることなく散る。
- ☐ 10 毎年誕《たん》生日には身長を測る。

解答

1 いきお 辞
2 かいふく
3 は
4 と
5 そな
6 まか
7 あ
8 けわ 辞
9 た
10 はか

- ☐ 11 つらい練習にも慣れた。
- ☐ 12 魚の生態に興味がある。
- ☐ 13 うちの庭はねこの額ほどだ。
- ☐ 14 木の幹にツタがからまる。
- ☐ 15 炭酸飲料を好んで飲む。
- ☐ 16 友人と信らい関係を築く。
- ☐ 17 りっぱな構えの家ができた。
- ☐ 18 旅は道連れ世は情け
- ☐ 19 相手の意向を確かめる。
- ☐ 20 雲が切れて富士山が現れる。

解答

11 な
12 きょうみ
13 ひたい 辞
14 みき
15 たんさん
16 きず
17 かま
18 なさ 辞
19 たし
20 あらわ

目標時間 22分

1回目 /44

2回目 /44

□ 21 記録を破って優《ゆう》勝を果たす。

□ 22 二つの商品を比べる。

□ 23 自然の豊かなめぐみを受ける。

□ 24 階段《だん》に手すりを設ける。

□ 25 バターとさとうを混ぜる。

□ 26 おもしろい本を友人に貸す。

□ 27 泣く子の手を引いて導く。

□ 28 ろうそくのほのおが燃える。

□ 29 まちがいに気づいて許しをこう。

□ 30 薬が効いて頭痛《つう》が治まる。

□ 31 テニスで快いあせを流す。

□ 32 ジョギング後に脈を測る。

□ 33 ログハウスは丸太で造られている。

□ 34 会議の司会を務める。

21 やぶ
22 くら
23 ゆた
24 もう 辞
25 ま
26 か
27 みちび
28 も
29 ゆる
30 き
31 こころよ 辞
32 みゃく
33 つく
34 つと 辞

□ 35 縦《たて》と横の長さを定規で測る。

□ 36 今日の授業は理科と算数だ。

□ 37 歌舞伎《かぶき》は日本の伝統芸能だ。

□ 38 貨物列車で燃料を輸送する。

□ 39 ブラウスのボタンを留める。

□ 40 参加者は女性に限ります。

□ 41 新築した家に友人を招く。

□ 42 味の良さで評判の店がある。

□ 43 算数ドリルの計算問題を解く。

□ 44 この店は父が営む弁当屋だ。

35 じょうぎ
36 じゅぎょう
37 でんとう 辞
38 ゆそう
39 と
40 かぎ
41 まね
42 ひょうばん
43 と
44 いとな 辞

意味をCheck!

1 飛ぶ鳥を落とす勢い…いきおいがさかんなこと。
8 険しい…かたむきが急で登るのがむずかしいこと。
13 ねこの額…土地などの広さが非常にせまいこと。
18 情け…あわれむ心。人情。
24 設ける…備えてつくり上げること。

31 快い…気持ちがいい。
34 務める…役目や任務などを果たすこと。
37 伝統…ある集団内で受けつがれていること。
44 営む…生活のために仕事をする。職業としてする。

頻《ひん》出度

A ランク

読み②

● 次の——線の**漢字の読み**を**ひらがな**で答えなさい。

☐ **1** 新聞の投書らんに意見を寄せる。

☐ **2** 金魚とメダカを飼っている。

☐ **3** 自分の意見を述べる。

☐ **4** 父の墓参りに行く。

☐ **5** 火の使い方に注意して火事を防ぐ。

☐ **6** 結こんの申しこみを断る。

☐ **7** 過ぎたことをくやんでも仕方がない。

☐ **8** 星空を観測して記録をつける。

☐ **9** 規則を守って公園を利用する。

☐ **10** 手にあせをにぎる接戦を制する。

解答

1 よ
2 か
3 の
4 はかまい
5 ふせ
6 ことわ
7 す
8 かんそく
9 きそく 辞
10 せっせん

☐ **11** 静かな独りぐらしを楽しむ。

☐ **12** 有名な芸術家の版画を見に行く。

☐ **13** 冷たい水を別の容器に移す。

☐ **14** 言葉よりも態度で示す。

☐ **15** 居間のソファーにねそべる。

☐ **16** 小学校の校舎はコの字形になっている。

☐ **17** 国際的な大会が明日始まる。

☐ **18** 政治家を志して勉強にはげむ。

☐ **19** 桜の木の枝を折ってはいけない。

☐ **20** ピンクのワンピースがよく似合う。

解答

11 ひと
12 はんが
13 ようき
14 しめ
15 いま 辞
16 こうしゃ
17 こくさい
18 こころざ 辞
19 えだ
20 にあ

目標時間 22分

1回目 ／44

2回目 ／44

☐ **21** 毎日入浴して清潔に保つ。
☐ **22** 人の失敗を責めてはいけない。
☐ **23** 初めての土地で道に迷う。
☐ **24** 子供《ども》向けの易しいニュース解説だ。
☐ **25** 給食のプリンが余る。
☐ **26** 駅前のビルは現在改修中だ。
☐ **27** 任務で再びこの地に来た。
☐ **28** 妹の顔つきは父に似ている。
☐ **29** この仏像は重要な文化財だ。
☐ **30** 父がチームを率いるかんとくだ。
☐ **31** 台風で川の水が増えた。
☐ **32** 日本は食料の多くを輸入している。
☐ **33** 庭に入るには許可がいる。
☐ **34** ガソリンの価格が上がる。

21 せいけつ
22 せ
23 まよ
24 やさ 辞
25 あま
26 かいしゅう
27 ふたた
28 に
29 ぶんかざい 辞
30 ひき
31 ふ
32 ゆにゅう 辞
33 きょか
34 かかく

☐ **35** この仕事は経験が物を言う。
☐ **36** 病院で胃《い》の検査をする。
☐ **37** トラクターで畑を耕す。
☐ **38** 何も知らなかった妹に罪はない。
☐ **39** 人は支え合って生きている。
☐ **40** 学業を修めることが大切だ。
☐ **41** 係員がガスの点検におとずれる。
☐ **42** フェルトのふくろに綿をつめる。
☐ **43** 若《わか》いころの体型を保つ。
☐ **44** 友人に久しぶりに会う。

35 けいけん 辞
36 けんさ
37 たがや
38 つみ
39 ささ
40 おさ 辞
41 てんけん
42 わた
43 たも
44 ひさ 辞

意味をCheck!

9 規則…決まり。おきて。定め。
15 居間…家族が団らんするための部屋。
18 志す…目標や目的を成しとげようと決心すること。
24 易しい…たやすい、容易であること。
29 文化財…文化的価値《ち》のあるもの。

32 輸入…外国から買い入れること。
35 物を言う＊効きめを十分に働かせる。
40 修める…学問や技術などを学んで身につけること。
44 久しい…長い時間がたっていること。しばらくぶりであること。

頻《ひん》出度

A

ランク

読み③

目標時間 22分

1回目 ／44

2回目 ／44

● 次の――線の**漢字の読み**を**ひらがな**で答えなさい。

□ **1** いなかまで新幹線で往復する。

□ **2** 満開の桜の下で写真をとる。

□ **3** 友達の家に寄る。

□ **4** こわれた車を修理に出す。

□ **5** 川の水質を調査する。

□ **6** むずかしい問題が自分で解けた。

□ **7** 話を順序立てて説明する。

□ **8** 仕事の能率が上がる。

□ **9** 飲み薬の有効期間が過ぎた。

□ **10** 音程がくるわないようにする。

解答

1 おうふく 辞
2 さくら
3 よ
4 しゅうり
5 ちょうさ 辞
6 と
7 じゅんじょ
8 のうりつ 辞
9 ゆうこう
10 おんてい

□ **11** 「銀河鉄道の夜」という本を読んだ。

□ **12** 災害への対策《さく》を常に立てている。

□ **13** 友人に別れを告げる。

□ **14** 五月には庭に雑草がおいしげる。

□ **15** お年玉をすべて貯金する。

□ **16** おばは秋には大阪に移るという。

□ **17** 貯水タンクの清そうが始まった。

□ **18** 居住地の町の歴史を調べる。

□ **19** 割《わり》引券《けん》の利用期限は明日だ。

□ **20** 多くの客がテーブルを囲む。

解答

11 ぎんが 辞
12 つね
13 つ
14 ざっそう
15 ちょきん
16 うつ
17 ちょすい
18 れきし
19 きげん
20 かこ

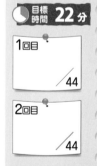

☐ **21** 現在は情報化社会だ。
☐ **22** 父は魚の生態にくわしい。
☐ **23** 上級生に態度を注意される。
☐ **24** 兄の進学を家族で喜ぶ。
☐ **25** 貧しい生まれで苦労をする。
☐ **26** 将《しょう》来は本の編集の仕事をしたい。
☐ **27** 家までの道のりの略図を書きこむ。
☐ **28** 軽快な足取りでダンスする。
☐ **29** 録画した番組を再生する。
☐ **30** 学校の前で捨《す》てねこを保護する。
☐ **31** 資料を使って問題を解く。
☐ **32** 新しいアイディアを提案する。
☐ **33** 話し合いの結果について報告する。
☐ **34** 話し方で人の印象は変わる。

21 じょうほう
22 せいたい 辞
23 たいど 辞
24 よろこ
25 まず
26 へんしゅう
27 りゃくず
28 けいかい 辞
29 さいせい
30 ほご
31 しりょう
32 ていあん
33 ほうこく
34 いんしょう

☐ **35** この女優は演技がうまい。
☐ **36** 運転めん許の講習を受ける。
☐ **37** 川に落ちた犬を救助する。
☐ **38** この植物は日かげが適している。
☐ **39** テレビの衛星放送を楽しむ。
☐ **40** 合唱コンクールで入賞する。
☐ **41** 日本には数多くの山脈がある。
☐ **42** 鉄道の復旧までには時間がかかる。
☐ **43** 国語より算数のほうが得意だ。
☐ **44** 家族で新型テレビを買いに行く。

35 えんぎ
36 こうしゅう
37 きゅうじょ
38 てき
39 えいせい 辞
40 にゅうしょう
41 さんみゃく
42 ふっきゅう 辞
43 とくい
44 しんがた

意味をCheck!

1 往復…行きと帰り。
5 調査…物事の実態を明確にするためにしらべること。また、その内容。
8 能率…仕事のはかどり方。
11 銀河…天の川。星の大集団。
22 生態…自然界に生活している生物のありさま。

23 態度…考えや感情などが、表情や行動、そぶりで現れた状態。
28 軽快…軽やかで気持ちがよいこと。動きのすばやいこと。
39 衛星放送…放送衛星や通信衛星などを使って届《とど》けられる放送。
42 復旧…もとの状態にもどること。前の状態にもどすこと。

頻出度《ひん》 A ランク

漢字と送りがな①

目標時間 14分

1回目 /28

2回目 /28

● 次の――線の**カタカナ**を○**の中の漢字と送りがな（ひらがな）**で答えなさい。

〈例〉(考) 問題の答えを**カンガエル** 〔考える〕

1 (快) **ココロヨイ**歌声が聞こえる。

2 (易) **ヤサシイ**問題を解く。

3 (険) **ケワシイ**顔でうなずく。

4 (耕) あれた田を**タガヤス**。

5 (比) 友人と背《せい》**クラベ**をする。

解答

1 快い
2 易しい
3 険しい
4 耕す
5 比べ

6 (確) 相手の気持ちを**タシカメル**。

7 (喜) チームの勝利を**ヨロコブ**。

8 (混) 絵の具の色をよく**マゼル**。

9 (設) 屋上にさくを**モウケル**。

10 (迷) 旅先で道に**マヨウ**。

解答

6 確かめる
7 喜ぶ
8 混ぜる
9 設ける
10 迷う

部首と部首
画数
じゅく語の構成
三字のじゅく語
対義語・類義語
じゅく語作り
音と訓
同じ読みの漢字
書き取り
模擬テスト

□ 11 構 大きな家を**カマエル**。

□ 12 志 画家を**ココロザス**。

□ 13 述 自分の考えを整理して**ノベル**。

□ 14 導 正しい方へ**ミチビク**。

□ 15 貧 **マズシイ**家庭で苦労する。

□ 16 営 一家で酒屋を**イトナム**。

□ 17 務 運動会で進行役を**ツトメル**。

□ 18 勢 水道管の水が**イキオイ**よくふき出す。

□ 19 破 百メートル走の記録を**ヤブル**。

11 構える
12 志す
13 述べる
14 導く
15 貧しい
16 営む
17 務める
18 勢い
19 破る

□ 20 示 手本となるよう態度で**シメス**。

□ 21 告 友人に別れを**ツゲル**。

□ 22 留 忘(わす)れないように書き**トメル**。

□ 23 豊 子どもは表情が**ユタカダ**。

□ 24 暴 街で**アバレル**牛をつかまえた。

□ 25 寄 車を道のわきに**ヨセル**。

□ 26 再 **フタタビ**ほのおが上がる。

□ 27 久 会わなくなって**ヒサシイ**。

□ 28 余 用意したおやつが**アマル**。

20 示す
21 告げる
22 留める
23 豊かだ
24 暴れる
25 寄せる
26 再び
27 久しい
28 余る

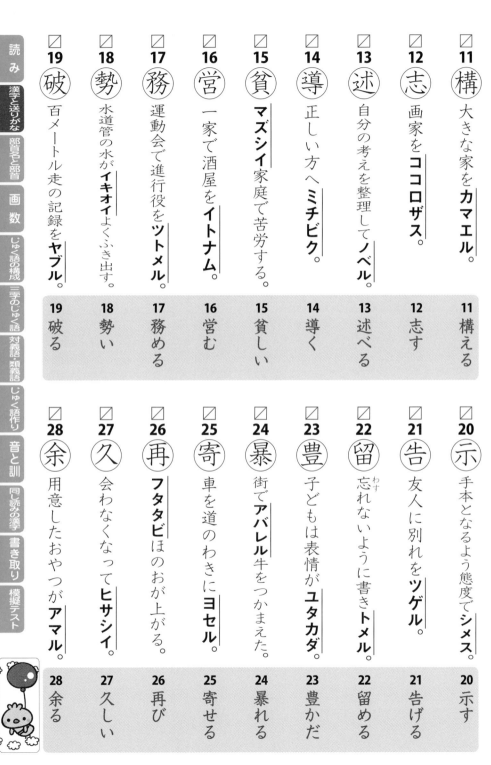

頻《ひん》出度 A ランク

部首名と部首①

目標時間 26分

1回目 /52

2回目 /52

● 次の漢字の**部首名**と**部首**を答えなさい。**部首名**は、後の□から選んで**記号**で答えなさい。

〈例〉花・茶（コ）部首名［艹］部首

漢字	部首名	部首
☑ 序・府	（1）	［2］
☑ 団・囲	（3）	［4］
☑ 富・容	（5）	［6］
☑ 救・政	（7）	［8］
☑ 態・志	（9）	［10］

ア うかんむり　**イ** まだれ　**ウ** のぶん・ぼくづくり
エ こころ　**オ** くにがまえ

解答

部首名	部首
1 イ	2 广
3 オ	4 囗
5 ア	6 宀
7 ウ	8 攵
9 エ	10 心

漢字	部首名	部首
☑ 築・節	（11）	［12］
☑ 判・刊	（13）	［14］
☑ 領・額	（15）	［16］
☑ 迷・適	（17）	［18］
☑ 寄・察	（19）	［20］

ア りっとう　**イ** うかんむり　**ウ** しんにょう・しんにゅう
エ おおがい　**オ** たけかんむり

解答

部首名	部首
11 オ	12 ⺮
13 ア	14 刂
15 エ	16 頁
17 ウ	18 辶
19 イ	20 宀

- ☑ 故・敗　部首名（21）　部首［22］
- ☑ 造・述　部首名（23）　部首［24］
- ☑ 制・則　部首名（25）　部首［26］
- ☑ 墓・在　部首名（27）　部首［28］
- ☑ 紀・総　部首名（29）　部首［30］
- ☑ 得・徳　部首名（31）　部首［32］
- ☑ 因・固　部首名（33）　部首［34］
- ☑ 底・康　部首名（35）　部首［36］

ア まだれ　イ ぎょうにんべん　ウ つち
エ のぶん・ぼくづくり　オ しんにょう・しんにゅう
カ いとへん　キ くにがまえ　ク りっとう

	21	23	25	27	29	31	33	35
部首名	エ	オ	ク	ウ	カ	イ	キ	ア

	22	24	26	28	30	32	34	36
部首	攵	辶	刂	土	糸	彳	囗	广

- ☑ 属・居　部首名（37）　部首［38］
- ☑ 賀・貿　部首名（39）　部首［40］
- ☑ 効・功　部首名（41）　部首［42］
- ☑ 険・際　部首名（43）　部首［44］
- ☑ 告・可　部首名（45）　部首［46］
- ☑ 往・復　部首名（47）　部首［48］
- ☑ 然・熱　部首名（49）　部首［50］
- ☑ 逆・過　部首名（51）　部首［52］

ア こざとへん　イ くち　ウ かい・こがい　エ ちから
オ かばね・しかばね　カ ぎょうにんべん
キ しんにょう・しんにゅう　ク れんが・れっか

	37	39	41	43	45	47	49	51
部首名	オ	ウ	エ	ア	イ	カ	ク	キ

	38	40	42	44	46	48	50	52
部首	尸	貝	力	阝	口	彳	灬	辶

頻《ひん》出度 A ランク

画数①

● 次の漢字の**太い画**のところは**筆順の何画目**か、また**総画数は何画**か、**算用数字**（1、2、3…）で答えなさい。

目標時間 28分

1回目 /56

2回目 /56

漢字	何画目	総画数
断	（1）	［2］
妻	（3）	［4］
航	（5）	［6］
制	（7）	［8］
義	（9）	［10］
報	（11）	［12］

解答

	何画目	総画数
1 / 2	7	11
3 / 4	5	8
5 / 6	6	10
7 / 8	6	8
9 / 10	4	13
11 / 12	9	12

漢字	何画目	総画数
罪	（13）	［14］
堂	（15）	［16］
構	（17）	［18］
素	（19）	［20］
興	（21）	［22］
際	（23）	［24］

解答

	何画目	総画数
13 / 14	6	13
15 / 16	2	11
17 / 18	12	14
19 / 20	2	10
21 / 22	11	16
23 / 24	8	14

率	常	積	演	毒	像	程	似	
(39)	(37)	(35)	(33)	(31)	(29)	(27)	(25)	何画目
[40]	[38]	[36]	[34]	[32]	[30]	[28]	[26]	総画数

39 3	37 2	35 8	33 10	31 6	29 10	27 10	25 5	何画目
40 11	38 11	36 17	34 14	32 8	30 14	28 12	26 7	総画数

眼	確	状	脈	賞	象	編	性	
(55)	(53)	(51)	(49)	(47)	(45)	(43)	(41)	何画目
[56]	[54]	[52]	[50]	[48]	[46]	[44]	[42]	総画数

55 9	53 8	51 3	49 8	47 2	45 8	43 13	41 3	何画目
56 11	54 15	52 7	50 10	48 15	46 12	44 15	42 8	総画数

頻《ひん》出度

A ランク

画数②

目標時間 28分

1回目 /56

2回目 /56

●次の漢字の**太い画**のところは**筆順の何画目**か、また**総画数は何画**か、**算用数字**（1、2、3…）で答えなさい。

漢字	何画目	総画数
犯	（1）	［2］
肥	（3）	［4］
武	（5）	［6］
報	（7）	［8］
罪	（9）	［10］
快	（11）	［12］

解答

	何画目	総画数
1・2	2	5
3・4	5	8
5・6	7	8
7・8	10	12
9・10	10	13
11・12	3	7

漢字	何画目	総画数
率	（13）	［14］
再	（15）	［16］
厚	（17）	［18］
再	（19）	［20］
団	（21）	［22］
破	（23）	［24］

解答

	何画目	総画数
13・14	6	11
15・16	4	6
17・18	2	9
19・20	5	6
21・22	3	6
23・24	8	10

	評	義	在	貿	堂	武	防	険
何画目	(25)	(27)	(29)	(31)	(33)	(35)	(37)	(39)
総画数	[26]	[28]	[30]	[32]	[34]	[36]	[38]	[40]

	25	27	29	31	33	35	37	39
何画目	11	9	1	4	9	2	6	3

	26	28	30	32	34	36	38	40
総画数	12	13	6	12	11	8	7	11

	耕	序	織	婦	複	弁	義	際
何画目	(41)	(43)	(45)	(47)	(49)	(51)	(53)	(55)
総画数	[42]	[44]	[46]	[48]	[50]	[52]	[54]	[56]

	41	43	45	47	49	51	53	55
何画目	4	3	11	2	6	4	8	3

	42	44	46	48	50	52	54	56
総画数	10	7	18	11	14	5	13	14

頻《ひん》出度

A ランク

じゅく語の構成①

目標時間 18分

1回目 ／36

2回目 ／36

●漢字を二字組み合わせたじゅく語では、二つの漢字の間に意味の上で、次のような関係があります。

ア 反対や対《つい》になる意味の字を組み合わせたもの。（例…**上下**）

イ 同じような意味の字を組み合わせたもの。（例…**森林**）

ウ 上の字が下の字の意味を説明（修飾《しょく》）しているもの。（例…**海水**）

エ 下の字から上の字へ返って読むと意味がよくわかるもの。（例…**消火**）

次の**じゅく語**は、右のア～エのどれにあたるか、**記号**で答えなさい。

□ **1** 新旧

□ **2** 検温

□ **3** 断続

□ **4** 自他

□ **5** 損得

□ **6** 集散

解答と解説

1 **ア**（しんきゅう）新（しい）↕旧（「旧」は「古い」の意味）

2 **エ**（けんおん）検（「検」は「調べる」の意味）↑温（度を）

3 **ア**（だんぞく）断（たつ）↕続（く）

4 **ア**（じた）自（分）↕他（人）

5 **ア**（そんとく）損（する）↕得（する）

6 **ア**（しゅうさん）集（まる）↕散（る）

□ **7** 造船

□ **8** 入団

□ **9** 採取

□ **10** 得失

□ **11** 清潔

□ **12** 苦楽

解答と解説

7 **エ**（ぞうせん）造（る）↑船（を）

8 **エ**（にゅうだん）入（る）↑団（体に）

9 **イ**（さいしゅ）どちらも「とる」の意味

10 **ア**（とくしつ）得（る）↕失（う）

11 **イ**（せいけつ）どちらも「きれい」の意味

12 **ア**（くらく）苦（しい）↕楽（しい）

☐13 夫妻
☐14 旧友
☐15 均等
☐16 禁漁
☐17 禁止
☐18 計測
☐19 護身
☐20 加減

13 ア（ふさい）
夫↕妻

14 ウ（きゅうゆう）
旧（ふるい）↓友

15 イ（きんとう）
どちらも「同じ」の意味

16 エ（きんりょう）
禁（ずる）↑漁（を）

17 イ（きんし）
どちらも「やめる」の意味

18 イ（けいそく）
どちらも「はかる」の意味

19 エ（ごしん）
護（「護」は「守る」の意味）↑身（を）

20 ア（かげん）
加（える）↕減（らす）

☐21 国境
☐22 豊富
☐23 永住
☐24 寒暑
☐25 大河
☐26 発着
☐27 物価
☐28 寄港

21 ウ（こっきょう くにざかい）
国（の）↓境

22 イ（ほうふ）
どちらも「たくさんある」の意味

23 ウ（えいじゅう）
永（く）↓住（む）

24 ア（かんしょ）
寒（い）↕暑（い）

25 ウ（たいが）
大（きな）↓河

26 ア（はっちゃく）
（出）発（する）↕着（く）

27 ウ（ぶっか）
物（の）↓価（格）

28 エ（きこう）
寄（る）↑港（に）

☐29 転居
☐30 移動
☐31 省略
☐32 売買
☐33 休職
☐34 勝敗
☐35 救助
☐36 最適

29 エ（てんきょ）
転（ずる）↑居（家を）

30 イ（いどう）
どちらも「うつる・うごく」の意味

31 イ（しょうりゃく）
どちらも「はぶく」の意味

32 ア（ばいばい）
売（る）↕買（う）

33 エ（きゅうしょく）
休（む）↑職（を）

34 ア（しょうはい）
勝（つ）↕敗（れる）

35 イ（きゅうじょ）
どちらも「たすける」の意味

36 ウ（さいてき）
最（も）↓適（する）

頻《ひん》出度

A

ランク

じゅく語の構成②

目標時間 18分

1回目 ／36

2回目 ／36

● 漢字を二字組み合わせたじゅく語では、二つの漢字の間に意味の上で、次のような関係があります。

ア 反対や対《つい》になる意味の字を組み合わせたもの。（例…**上下**）

イ 同じような意味の字を組み合わせたもの。（例…**森林**）

ウ 上の字が下の字の意味を説明（修飾《しょく》）しているもの。（例…**海水**）

エ 下の字から上の字へ返って読むと意味がよくわかるもの。（例…**消火**）

次の**じゅく語**は、右のア〜エのどれにあたるか、**記号**で答えなさい。

□ **1** 造園

□ **2** 単独

□ **3** 保温

□ **4** 仮説

□ **5** 河口

□ **6** 求職

解答と解説

1 エ（ぞうえん）
造（る）⬆園（を）

2 イ（たんどく）
どちらも「ひとり」の意味

3 エ（ほおん）
保（つ）⬆温（度を）

4 ウ（かせつ）
仮（の）⬇説

5 ウ（かこう）
河（の）⬇口

6 エ（きゅうしょく）
求（める）⬆職（を）

□ **7** 居住

□ **8** 採光

□ **9** 銅像

□ **10** 木造

□ **11** 利害

□ **12** 衣服

解答と解説

7 イ（きょじゅう）
どちらも「いる」の意味

8 エ（さいこう）
採（る）⬆光（を）

9 ウ（どうぞう）
銅（製の）⬇像

10 ウ（もくぞう）
木（で）⬇造（る）

11 ア（りがい）
利（益）⬍（損）害

12 イ（いふく）
どちらも「服」の意味

☐13 永遠
☐14 軽重
☐15 出欠
☐16 安易
☐17 製鉄
☐18 損失
☐19 初夢
☐20 単複

13 イ（えいえん）どちらも「ながい・ひさしい」の意味
14 ア（けいちょう・けいじゅう）軽（い）↕重（い）
15 ア（しゅっけつ）出（る）↕欠（ける）
16 イ（あんい）どちらも「かんたん」の意味
17 エ（せいてつ）製（造する）↑鉄（を）
18 イ（そんしつ）どちらも「うしなう」の意味
19 ウ（はつゆめ）初（めての）↓夢
20 ア（たんぷく）単（独）↕複（数）

☐21 製作
☐22 明暗
☐23 加熱
☐24 銅貨
☐25 絵画
☐26 謝罪
☐27 特技
☐28 休刊

21 イ（せいさく）どちらも「つくる」の意味
22 ア（めいあん）明（るい）↕暗（い）
23 エ（かねつ）加（える）↑熱（を）
24 ウ（どうか）銅（の）↓貨（へい）
25 イ（かいが）どちらも「絵」の意味
26 エ（しゃざい）謝（る）↑罪（を）
27 ウ（とくぎ）特（別な）↓技
28 エ（きゅうかん）休（む）↑刊（を）

☐29 増減
☐30 表現
☐31 永久
☐32 応答
☐33 採血
☐34 志望
☐35 願望
☐36 新設

29 ア（ぞうげん）増（える）↕減（る）
30 イ（ひょうげん）どちらも「あらわす」の意味
31 イ（えいきゅう）どちらも「ながい」の意味
32 イ（おうとう）どちらも「こたえる」の意味
33 エ（さいけつ）採（る）↑血（を）
34 イ（しぼう）どちらも「のぞむ」の意味
35 イ（がんぼう）どちらも「ねがう」の意味
36 ウ（しんせつ）新（しく）↓設（ける）

頻《ひん》出度
A
ランク

三字のじゅく語①

目標時間 32分

1回目 /64

2回目 /64

● 次の**カタカナ**を**漢字**になおし、**一字だけ**答えなさい。

- ☐ **1** **イ**食住
- ☐ **2** 高気**アツ**
- ☐ **3** 無事**コ**
- ☐ **4** 消費**ゼイ**
- ☐ **5** **ヒ**公開
- ☐ **6** **カ**能性
- ☐ **7** **ジュン**決勝
- ☐ **8** 平**キン**化

1	衣
2	圧
3	故
4	税
5	非 辞
6	可
7	準
8	均

- ☐ **9** 無意**シキ**
- ☐ **10** **ボウ**風雨
- ☐ **11** 松竹**バイ**
- ☐ **12** 低気**アツ**
- ☐ **13** 不**サン**成
- ☐ **14** **シ**育係
- ☐ **15** **ユメ**物語
- ☐ **16** 習**カン**化

9	識 辞
10	暴 辞
11	梅 辞
12	圧
13	賛
14	飼
15	夢 辞
16	慣

- ☐ **17** 伝**トウ**的
- ☐ **18** 道**トク**的
- ☐ **19** 不利**エキ**
- ☐ **20** 無所**ゾク**
- ☐ **21** **セイ**治家
- ☐ **22** 栄養**ソ**
- ☐ **23** 好成**セキ**
- ☐ **24** **ク**読点

17	統
18	徳 辞
19	益
20	属 辞
21	政
22	素
23	績
24	句 辞

- ☐ **25** **ショウ**明書
- ☐ **26** 新校**シャ**
- ☐ **27** 未**ケイ**験
- ☐ **28** **ヒ**常口
- ☐ **29** **ガン**科医
- ☐ **30** 標**ジュン**的
- ☐ **31** 未**カイ**決
- ☐ **32** **カ**分数

25	証
26	舎
27	経
28	非
29	眼
30	準
31	解
32	仮

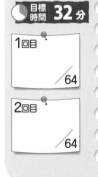

☐ 33 **ソ**父母
☐ 34 非常**シキ**
☐ 35 国**サイ**化
☐ 36 **キ**本的
☐ 37 新**カン**線
☐ 38 真**ハン**人
☐ 39 不**カ**能
☐ 40 不道**トク**
☐ 41 軽犯**ザイ**
☐ 42 芸**ジュツ**性
☐ 43 大事**ケン**

33 祖
34 識 辞
35 際
36 基
37 幹
38 犯 辞
39 可
40 徳 辞
41 罪
42 術
43 件

☐ 44 **サイ**利用
☐ 45 間**セツ**的
☐ 46 **キン**等化
☐ 47 道**トク**性
☐ 48 **コウ**果的
☐ 49 **リク**海空
☐ 50 無条**ケン**
☐ 51 百分**リツ**
☐ 52 初出**エン**
☐ 53 無**セキ**任
☐ 54 **ドク**自性

44 再
45 接 辞
46 均 辞
47 徳
48 効
49 陸
50 件
51 率 辞
52 演
53 責
54 独

☐ 55 鉄**コウ**石
☐ 56 大事**コ**
☐ 57 標**ジュン**化
☐ 58 **ギャク**回転
☐ 59 老**ガン**鏡

55 鉱
56 故
57 準
58 逆
59 眼

☐ 60 感**シャ**状
☐ 61 祝**ガ**会
☐ 62 複**ザツ**化
☐ 63 **ショウ**竹梅
☐ 64 毛**オリ**物

60 謝
61 賀
62 雑
63 松
64 織

意味をCheck!

5 非公開…公開しないこと。いっぱんの人には開放しないこと。
9 無意識…自分のしていることに気づかないこと。またはそのさま。
10 暴風雨…はげしい風雨。
11 松竹梅…松と竹と梅。めでたいものとして、祝い事に用いられることもある。
15 夢物語…夢のような、はかない物語。
18 道徳的…道徳にかなっているさま。
20 無所属…属するところのないこと。政党《とう》などのどこにも属さないこと。

24 句読点…句点と読点。多くは句点には「。」、読点には「、」を用いる。
34 非常識…常識に外れていること。常識のないこと。
38 真犯人…実際に犯罪を行った者。
40 不道徳…道徳にそむいていること。
45 間接的…じかではなく、間にものをはさんで行うさま。遠回しなさま。
46 均等化…差がなく、平等にすること。
51 百分率…全体を100としたときの割合のことで、パーセントという単位で表す。

頻《ひん》出度

A ランク

対義語・類義語①

目標時間 11分

1回目 ／22

2回目 ／22

●次の**1** **2**それぞれの後の□の中のひらがなを漢字になおして、**対義語**（意味が反対や対《つい》になることば）と、**類義語**（意味がよくにたことば）を答えなさい。□の中のひらがなは**一度だけ**使い、**漢字一字**を答えなさい。

1

対義語

☑結果―原（1）

☑反対―（2）成

☑回答―（3）問

☑共同―単（4）

☑損失―利（5）

いん　えき　さん　しつ　どく

類義語

☑関心―（6）味

☑用意―（7）備

☑順番―順（8）

☑発行―出（9）

☑返事―（10）答

おう　きょう　じゅん　じょ　ぱん

解答

1 結果《けっか》―原因《げんいん》

2 反対《はんたい》―賛成《さんせい》

3 回答《かいとう》―質問《しつもん》

4 共同《きょうどう》―単独《たんどく》

5 損失《そんしつ》―利益《りえき》 辞

6 関心《かんしん》―興味《きょうみ》

7 用意《ようい》―準備《じゅんび》

8 順番《じゅんばん》―順序《じゅんじょ》

9 発行《はっこう》―出版《しゅっぱん》

10 返事《へんじ》―応答《おうとう》 辞

2

対義語

☐ 形式―内（11）

☐ 理想―（12）実

☐ 正式―（13）式

☐ 未来―（14）去

☐ 肉体―（15）神

☐ 固体―（16）体

えき　か　げん
せい　よう　りゃく

類義語

☐ 自立―（17）立

☐ 永遠―永（18）

☐ 体験―（19）験

☐ 家屋―住（20）

☐ 技能―技（21）

☐ 不在―（22）守

きゅう　きょ　けい
じゅつ　どく　る

意味をCheck!

5 利益…もうけ。得。利得。

10 応答…問いに答えること。受け答え。

12 理想…行い・性質・状態などに関して、考えられる最高の状態。

13 略式…正式の手続きや様式を省いて簡単にした方式。

15 精神…（物質、肉体に対して）心。たましい。

17 自立…人にたよらず、自分の力で行動・生活していくこと。

18 永久…いつまでも変わらずに続くこと。

20 家屋…人が住むための建物。家。

21 技術…物事をたくみに行う技。

11 形式《けいしき》―内容《ないよう》

12 辞 理想《りそう》―現実《げんじつ》

13 正式《せいしき》―辞 略式《りゃくしき》

14 未来《みらい》―過去《かこ》

15 肉体《にくたい》―辞 精神《せいしん》

16 固体《こたい》―液体《えきたい》

17 辞 自立《じりつ》―独立《どくりつ》

18 永遠《えいえん》―辞 永久《えいきゅう》

19 体験《たいけん》―経験《けいけん》

20 辞 家屋《かおく》―住居《じゅうきょ》

21 技能《ぎのう》―辞 技術《ぎじゅつ》

22 不在《ふざい》―留守《るす》

頻《ひん》出度
A
ランク

対義語・類義語②

目標時間 11分

1回目 ／22

2回目 ／22

●次の**1** **2**それぞれの後の□の中のひらがなを漢字になおして、**対義語**（意味が反対や対《つい》になることば）と、**類義語**（意味がよくにたことば）を答えなさい。□の中のひらがなは**一度だけ**使い、**漢字一字**を答えなさい。

1 対義語

☐ 順風―（1）風

☐ 平常―（2）常

☐ 予習―（3）習

☐ 許可―（4）止

☐ 生産―消（5）

ぎゃく　きん　ひ
ひ　ふく

類義語

☐ 理由―原（6）

☐ 仕事―（7）業

☐ 教員―教（8）

☐ 平等―（9）等

☐ 用意―準（10）

いん　きん　し
しょく　び

解答

1 順風《じゅんぷう》 辞 ―逆風《ぎゃくふう》 辞

2 平常《へいじょう》 辞 ―非常《ひじょう》 辞

3 予習《よしゅう》―復習《ふくしゅう》

4 許可《きょか》―禁止《きんし》

5 生産《せいさん》―消費《しょうひ》

6 理由《りゆう》―原因《げんいん》

7 仕事《しごと》―職業《しょくぎょう》

8 教員《きょういん》―教師《きょうし》

9 平等《びょうどう》―均等《きんとう》 辞

10 用意《ようい》―準備《じゅんび》

2

対義語

□主語—（11）語
□苦手—（12）意
□禁止—許（13）
□発車—（14）車
□合唱—（15）唱
□子孫—先（16）

か　じゅつ　ぞ
てい　とく　どく

類義語

□様子—状（17）
□責務—責（18）
□同意—（19）成
□火事—火（20）
□着目—着（21）
□中身—内（22）

がん　さい　さん
たい　にん　よう

11 主語《しゅご》—述語《じゅつご》 辞
12 苦手《にがて》—得意《とくい》
13 禁止《きんし》—許可《きょか》
14 発車《はっしゃ》—停車《ていしゃ》
15 合唱《がっしょう》—独唱《どくしょう》 辞
16 子孫《しそん》—先祖《せんぞ》
17 様子《ようす》—状態《じょうたい》
18 責務《せきむ》 辞—責任《せきにん》
19 同意《どうい》—賛成《さんせい》
20 火事《かじ》—火災《かさい》
21 着目《ちゃくもく》—着眼《ちゃくがん》
22 中身《なかみ》—内容《ないよう》

意味をCheck!

1 順風…船の進む方向へふく風。追い風。
1 逆風…進んでいく方向と逆方向へふく風。向かい風。

2 平常…つね日ごろ。ふだん。
2 非常…ふつうではないこと。また、いつもとちがう様子や出来事であること。

9 均等…平均していること。平等で差がないこと。
11 述語…主語の動作や様子、性質などを説明する語。

15 独唱…歌曲を一人で歌うこと。ソロ。
18 責務…責任と義務。また、責任として果たすべきつとめ。

じゅく語作り①

頻出度 A ランク

●次の **1**〜**4**について、上の読みの漢字を □ の中から選び、（ ）にあてはめてじゅく語を作りなさい。

答えは**記号**で答えなさい。

目標時間 **12**分

1回目 ／24
2回目 ／24

1

コウ ☑	セイ ☑
（ **1** ）石	（ **4** ）治
（ **2** ）地	（ **5** ）服
（ **3** ）習	（ **6** ）神

ア 政　イ 効　ウ 勢　エ 厚　オ 製　カ 精
キ 講　ク 性　ケ 耕　コ 制　サ 航　シ 鉱

解答

1 シ（鉱石 こうせき）辞
2 ケ（耕地 こうち）辞
3 キ（講習 こうしゅう）
4 ア（政治 せいじ）
5 コ（制服 せいふく）
6 カ（精神 せいしん）

2

カ ☑	ケン ☑
（ **7** ）面	（ **10** ）査
定（ **8** ）	事（ **11** ）
（ **9** ）能	（ **12** ）康

ア 件　イ 建　ウ 果　エ 研　オ 可　カ 健
キ 検　ク 過　ケ 価　コ 仮　サ 険　シ 貨

解答

7 コ（仮面 かめん）
8 ケ（定価 ていか）
9 オ（可能 かのう）
10 キ（検査 けんさ）
11 ア（事件 じけん）
12 カ（健康 けんこう）辞

3

サイ	シ
夫（16）　（17）害　（18）集	教（13）　（14）育　意（15）

ア 士　イ 際　ウ 師　エ 史　オ 妻　カ 災
キ 最　ク 志　ケ 飼　コ 再　サ 支　シ 採

13 ウ（教師《きょうし》）
14 ケ（飼育《しいく》）
15 ク（意志《いし》）
16 オ（夫妻《ふさい》）
17 カ（災害《さいがい》）辞
18 シ（採集《さいしゅう》）辞

4

ハン	キ
（22）定　（23）罪　（24）画	（19）本　（20）則　（21）付

ア 飯　イ 判　ウ 版　エ 阪　オ 紀　カ 喜
キ 希　ク 犯　ケ 反　コ 基　サ 寄　シ 規

19 コ（基本《きほん》）
20 シ（規則《きそく》）辞
21 サ（寄付《きふ》）辞
22 イ（判定《はんてい》）
23 ク（犯罪《はんざい》）
24 ウ（版画《はんが》）辞

意味をCheck!

1 鉱石…金や鉄など、人間の経済《ざい》活動に役立つ鉱物、またはそれをふくむ岩石。
2 耕地…たがやして、作物を育てるための土地、田畑。

3 講習…集まって勉強したり、技術や工芸などを身につけること。
8 定価…あらかじめ決めてある商品の売値《ね》。
17 災害…自然現象や事故などの出来事によって、個人や集団が受けるわざわいやひ害のこと。

18 採集…標本や資料にするために採取して集めること。
20 規則…決まり。おきて。定め。

21 寄付…公共事業や社寺、ボランティア団体などにお金や品物をおくること。
24 版画…木版・銅版などで刷った絵のこと。

頻出度《ひん》 A ランク

じゅく語作り②

目標時間 12分

1回目 ／24

2回目 ／24

●次の1～4について、上の読みの漢字を□の中から選び、（　）にあてはめてじゅく語を作りなさい。答えは**記号**で答えなさい。

1

シ

（1）店
（2）金
歴（3）

エイ

（4）遠
運（5）
（6）星

ア 飼　イ 支　ウ 栄　エ 衛　オ 営　カ 師
キ 英　ク 士　ケ 資　コ 泳　サ 永　シ 史

解答

1 イ（支店《してん》）辞
2 ケ（資金《しきん》）
3 シ（歴史《れきし》）
4 サ（永遠《えいえん》）
5 オ（運営《うんえい》）
6 エ（衛星《えいせい》）辞

2

コウ

（7）果
（8）造
（9）海

ショウ

（10）待
（11）明
合（12）

ア 松　イ 招　ウ 象　エ 耕　オ 唱　カ 効
キ 航　ク 証　ケ 講　コ 賞　サ 好　シ 構

解答

7 カ（効果《こうか》）
8 シ（構造《こうぞう》）
9 キ（航海《こうかい》）
10 イ（招待《しょうたい》）辞
11 ク（証明《しょうめい》）辞
12 オ（合唱《がっしょう》）辞

意味をCheck!

1 支店…本店とはちがう場所にあり、本店の指揮の下に活動を行う営業所。

6 衛星…わく星のまわりを運行する天体。または人工衛星の略。

10 招待…客を招いてもてなすこと。

11 証明…物事が本当であるかどうかを、理由などをあげて明らかにすること。

12 合唱…多くの人が声を合わせて一つの歌を歌うこと。

14 豊作…作物がよく実ること。

16 条約…か条書きにした約束。また、国家間の合意で、法的な力を持つもの。

20 習慣…日ごろの決まった行い。

21 幹線…主要な道路や鉄道のこと。

3

ジョウ	ホウ
愛（ 18 ）	（ 15 ）帯
（ 17 ）温	（ 14 ）作
（ 16 ）約	（ 13 ）告

ア包　イ常　ウ報　エ情　オ法　カ方　キ状　ク豊　ケ城　コ乗　サ条　シ放

| 13 ウ（報告 ほうこく） |
| 14 ク（豊作 ほうさく） |
| 15 ア（包帯 ほうたい） |
| 16 サ（条約 じょうやく） 辞 |
| 17 イ（常温 じょうおん） |
| 18 エ（愛情 あいじょう） |

4

サイ	カン
（ 24 ）会	朝（ 19 ）
（ 23 ）初	習（ 20 ）
国（ 22 ）的	（ 21 ）線

ア最　イ幹　ウ関　エ菜　オ観　カ官　キ慣　ク災　ケ際　コ再　サ刊　シ採

| 19 サ（朝刊 ちょうかん） |
| 20 キ（習慣 しゅうかん） 辞 |
| 21 イ（幹線 かんせん） 辞 |
| 22 ケ（国際的 こくさいてき） |
| 23 ア（最初 さいしょ） |
| 24 コ（再会 さいかい） 辞 |

頻《ひん》出度

A ランク

音と訓①

目標時間 20分

1回目 ／40

2回目 ／40

● 漢字の読みには**音**と**訓**があります。次の**じゅく語の読み**は□の中のどの組み合わせになっていますか。ア〜エの**記号**で答えなさい。

ア 音と音　イ 音と訓　ウ 訓と訓　エ 訓と音

□ 1 雑《ぞう》木《き》

□ 2 桜《さくら》草《そう》

□ 3 布《ぬの》地《じ》

□ 4 書《かき》留《とめ》

□ 5 大《おお》判《ばん》

□ 6 梅《うめ》酒《しゅ》

□ 7 手《て》製《せい》

□ 8 新《しん》芽《め》

□ 9 残《ざん》高《だか》

□ 10 国《こっ》境《きょう》

解答

1 イ 辞　2 エ 辞　3 エ　4 ウ　5 エ 辞

6 エ　7 エ　8 イ　9 イ　10 ア 辞

□ 11 消《けし》印《いん》

□ 12 織《おり》物《もの》

□ 13 試《し》合《あい》

□ 14 総《そう》出《で》

□ 15 仏心《ほとけごころ》

□ 16 綿《わた》雲《ぐも》

□ 17 混《こん》同《どう》

□ 18 夫《ふ》妻《さい》

□ 19 布《ぬの》製《せい》

□ 20 旧《きゅう》型《がた》

解答

11 エ 辞　12 ウ 辞　13 イ　14 イ 辞　15 ウ 辞

16 ウ 辞　17 ア　18 ア　19 エ　20 イ

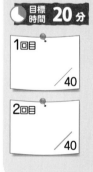

読み

漢字と送りがな

部首と部首

画数

じゅく語の構成

三字のじゅく語

対義語・類義語

じゅく語作り

音と訓

同じ読みの漢字

書き取り

模擬テスト

意味をCheck!

1 雑木…家具などの材料にならない、種々雑多の樹木。

2 桜草…サクラソウ科サクラソウ属の植物。春に花がさく。

5 大判…紙や本、布などの大きさがふつうより大きいこと。また、主に江戸時代に使われた金貨。

10 国境…国と国とのさかい。

11 消印…消したしるしにおす印。特

12 織物…機を使ってたて糸と横糸を交差させて作られた布。

14 総出…全員が出ること。

15 仏心…さとり深く、ものに迷わない心。

16 綿雲…綿のような形でうかぶ雲。

23 招待…客を招いてもてなすこと。

26 新顔…集団や組織などに新しく入った者。

28 道順…目的地に達するために通る道の順番。

31 塩気…食物などにふくまれる塩からい味。塩分。

32 格安…品質のわりに、値段が安いこと。

34 横町…表通りから横に入った小さな道。

36 暴風…ひ害をあたえるようなはげしい風。

38 重箱…食べ物を入れる容器で、重ねて用いる。いちばん上にふたが付く。

40 厚地…厚い布。地が厚手であること。

☐ **21** 無口（むくち）
☐ **22** 係員（かかりいん）
☐ **23** 招待（しょうたい）
☐ **24** 厚紙（あつがみ）
☐ **25** 枝豆（えだまめ）
☐ **26** 新顔（しんがお）
☐ **27** 紙製（かみせい）
☐ **28** 道順（みちじゅん）
☐ **29** 葉桜（はざくら）
☐ **30** 仕事（しごと）

21	22	23	24	25
イ	エ	ア 辞	ウ	ウ
26	27	28	29	30
イ 辞	エ	エ 辞	ウ	イ

☐ **31** 塩気（しおけ）
☐ **32** 格安（かくやす）
☐ **33** 指示（しじ）
☐ **34** 横町（よこちょう）
☐ **35** 境目（さかいめ）
☐ **36** 暴風（ぼうふう）
☐ **37** 現場（げんば）
☐ **38** 重箱（じゅうばこ）
☐ **39** 永遠（えいえん）
☐ **40** 厚地（あつじ）

31	32	33	34	35
エ 辞	イ 辞	ア	エ 辞	ウ
36	37	38	39	40
ア 辞	イ	イ 辞	ア	エ 辞

頻《ひん》出度

A ランク

音と訓②

目標時間 **20分**

1回目 /40

2回目 /40

●漢字の読みには**音**と**訓**があります。次の**じゅく語の読み**は□の中のどの組み合わせになっていますか。ア～エの**記号**で答えなさい。

ア 音と音　**イ** 音と訓　**ウ** 訓と訓　**エ** 訓と音

- □ **1** 係《かかり》長《ちょう》
- □ **2** 仏《ほとけ》様《さま》
- □ **3** 夢《む》中《ちゅう》
- □ **4** 安《あん》易《い》
- □ **5** 枝《えだ》葉《は》
- □ **6** 団《だん》子《ご》
- □ **7** 味《み》方《かた》
- □ **8** 綿《わた》毛《げ》
- □ **9** 手《て》帳《ちょう》
- □ **10** 両《りょう》足《あし》

解答

1 エ　2 ウ 辞　3 ア 辞　4 ア 辞　5 ウ 辞
6 イ　7 イ　8 ウ 辞　9 エ　10 イ

- □ **11** 花《はな》束《たば》
- □ **12** 解《かい》決《けつ》
- □ **13** 初《はつ》夢《ゆめ》
- □ **14** 混《こん》合《ごう》
- □ **15** 桜《さくら》貝《がい》
- □ **16** 新《しん》型《がた》
- □ **17** 県《けん》境《ざかい》
- □ **18** 桜《さくら》色《いろ》
- □ **19** 職《しょく》場《ば》
- □ **20** 枝《えだ》道《みち》

解答

11 ウ　12 ア 辞　13 ウ 辞　14 ア 辞　15 ウ 辞
16 イ　17 イ 辞　18 ウ　19 イ　20 ウ 辞

☐ 21 手《て》相《そう》
☐ 22 店《みせ》番《ばん》
☐ 23 綿《わた》雪《ゆき》
☐ 24 薬《くすり》指《ゆび》
☐ 25 両《りょう》手《て》

☐ 26 山《やま》桜《ざくら》
☐ 27 測《そく》定《てい》
☐ 28 両《りょう》側《がわ》
☐ 29 街《まち》角《かど》
☐ 30 財《ざい》産《さん》

21 エ 辞
22 エ
23 ウ 辞
24 ウ
25 イ
26 ウ
27 ア 辞
28 イ
29 ウ 辞
30 ア 辞

☐ 31 武《ぶ》士《し》
☐ 32 余《よ》分《ぶん》
☐ 33 医《い》師《し》
☐ 34 校《こう》舎《しゃ》
☐ 35 領《りょう》土《ど》

☐ 36 感《かん》情《じょう》
☐ 37 似《に》顔《がお》
☐ 38 大《おお》勢《ぜい》
☐ 39 枝《えだ》先《さき》
☐ 40 大《だい》仏《ぶつ》

31 ア 辞
32 ア
33 ア
34 ア
35 ア 辞
36 ア
37 ウ
38 エ
39 ウ
40 ア 辞

意味をCheck!

2 仏様…仏をうやまって言うよび方。または死んだ人のこと。
3 夢中…他のことをわすれてしまうほど物事に熱中すること。
4 安易…たやすいこと。わけなくできること。
5 枝葉…枝と葉。また、物事の主要でない部分。
8 綿毛…綿のようにやわらかい毛。

12 解決…問題などがうまく片《かた》づくこと。
13 初夢…新しい年の初めに見る夢。元日や一月二日の夜に見る夢を指すことが多い。
14 混合…まじりあうこと。また、まぜあわせること。
15 桜貝…ニッコウガイ科の二まい貝。貝がらはうすく長方形、ピンク色。

17 県境…県と県のさかい。
20 枝道…本道から分かれ出た道。また、本筋《すじ》から外れたところ。
21 手相…運勢が現れるという、手のひらのすじ・肉づきなどの様子。
23 綿雪…綿をちぎったような、ひとひらが大きな雪。
27 測定…量の大きさを計器などではかること。

29 街角…まちの通りの曲がり角。
30 財産…個人または団体の所有する土地や建物、金銭《せん》などの総称《しょう》。
31 武士…昔、主君につかえ、戦いにたずさわった身分の人。
35 領土…その国が治めている土地。
40 大仏…大きな仏像を表すことば。

頻《ひん》出度

A ランク

同じ読みの漢字①

目標時間 21分

1回目 ／42

2回目 ／42

●次の――線のカタカナを漢字になおしなさい。

1 大会に優勝してショウ状をもらう。
2 事務所で身分ショウ明書をもらう。
3 友人から発表会のショウ待状がとどいた。
4 印ショウ深い風景が広がっていた。
5 この部屋のショウ明はずいぶん暗い。
6 アツい辞書を本だなに収める。
7 アツいやかんにふれてやけどをする。
8 天気予報によると今日はアツくなる。
9 日なたに植木ばちをウツす。
10 先生のお手本を書きウツす。

解答
1 賞 辞
2 証
3 招 辞
4 象
5 照 辞
6 厚
7 熱
8 暑
9 移
10 写

11 わが家では犬を二ひきカっている。
12 夕飯の材料をカって帰る。
13 大切な本を友人にカす。
14 消しゴムをわすれて友達にカりる。
15 工場見学では有エキな話が聞けた。
16 わたしと母は血エキ型が同じです。
17 ここは貿エキで栄えた町だ。
18 エキ前の銀行でお金を下ろす。
19 祖母がオった布で着物を作った。
20 転んで足の骨をオった。

解答
11 飼
12 買
13 貸
14 借
15 益 辞
16 液
17 易
18 駅
19 織
20 折

☐ 21 大学で歴シを学んだ。
☐ 22 有名な医シに病気を治してもらった。
☐ 23 水そうで熱帯魚をシ育している。
☐ 24 電車の運転シになるのが夢だ。
☐ 25 会社は新しい地域にシ店を構えた。
☐ 26 将来は歌手をシ望している。
☐ 27 かんとくのシ示どおりに動く。
☐ 28 シ格試験の勉強をする。

☐ 29 弟はちょうのサイ集がしゅみだ。
☐ 30 サイ害に備えなければならない。
☐ 31 雨がやんで、試合がサイ開した。
☐ 32 羽田には東京国サイ空港がある。
☐ 33 サイ高のおもてなしを受けた。
☐ 34 結こん式に山田夫サイを招いた。

21	22	23	24	25	26	27	28	29	30	31	32	33	34
史	師 辞	飼	士	支 辞	志 辞	指	資	採 辞	災 辞	再	際	最 辞	妻

☐ 35 高カな時計を身に着けている。
☐ 36 先生の許カをもらって早退《たい》する。
☐ 37 先生の立てたカ説は正しいようだ。
☐ 38 魚のすり身をカ工する。
☐ 39 マラソンの折り返し地点を通カする。
☐ 40 夏休みのカ題を終わらせる。
☐ 41 コンテナを運ぶカ物列車が通っていった。
☐ 42 ダイエットに効カのあるお茶を飲む。

35	36	37	38	39	40	41	42
価	可	仮 辞	加	過	課	貨	果

意味をCheck!

1 **賞状**…すぐれた行いなどをした人をたたえるためにあたえられる書状。
3 **招待状**…集まりに人を招くために出される書状。
5 **照明**…光で明るくすること。そのための道具。
15 **有益**…ためになること。利があること。
22 **医師**…病気やけがを治すことを職業とする人のこと。
25 **支店**…本店とはちがう場所にあり、本店の指揮の下に活動を行う営業所。

26 **志望**…自分はこうしたい、こうなりたいとのぞむこと。
29 **採集**…標本や資料にするために採取して集めること。
30 **災害**…自然現象や事故などによって、個人や集団が受けるわざわいやひ害のこと。
33 **最高**…もっともたかいこと。程度が著《いちじる》しいこと。
37 **仮説**…ある現象を説明できるように仮に立てる説。

頻《ひん》出度

A ランク

同じ読みの漢字②

目標時間 21分

1回目 /42

2回目 /42

● 次の——線の**カタカナ**を**漢字**になおしなさい。

□ 1 新年は三日から**エイ**業します。
□ 2 勉強は**エイ**遠に続くだろう。
□ 3 天文学者が新しい**エイ**星を発見した。
□ 4 **エイ**語の勉強が好きだ。

□ 5 海外との**ボウ**易で利益を得る。
□ 6 **ボウ**力は絶対にいけない。
□ 7 火事に備えて**ボウ**火対策を立てる。
□ 8 弟は希**ボウ**する学校に入った。

□ 9 兄は**サカ**立ちの練習をしている。
□ 10 家は**サカ**道を上った一番上にある。

解答

1	2	3	4	5	6	7	8	9	10
営	永 辞	衛 辞	英	貿 辞	暴	防	望	逆	坂

□ 11 父は朝起きると朝**カン**を読む。
□ 12 悪い習**カン**を直す。
□ 13 新**カン**線で東京から京都に向かう。
□ 14 家族で温泉旅**カン**にとまった。

□ 15 日本の人口は**ゲン**少している。
□ 16 提出の期**ゲン**はとうに過ぎている。
□ 17 地図で**ゲン**在の位置を確かめる。
□ 18 失敗の**ゲン**因をつき止める。

□ 19 新しい学校にもだいぶ**ナ**れた。
□ 20 いきなり電話が**ナ**っておどろいた。

解答

11	12	13	14	15	16	17	18	19	20
刊 辞	慣 辞	幹	館	減	限	現	原	慣	鳴

漢字と送りがな

部首名と部首

画数

じゅく語の構成

三字のじゅく語

対義語・類義語

じゅく語作り

音と訓

同じ読みの漢字

書き取り

模擬テスト

21 服用した薬の**コウ**果が現れる。

22 海外から鉄**コウ**石を輸入する。

23 父はうなぎが大の**コウ**物だ。

24 建物の**コウ**造を調べる。

25 天**コウ**はまたたく間に悪くなった。

26 学校の**コウ**堂を建てかえる。

27 健**コウ**のために運動は大切だ。

28 台風のせいで飛行機が欠**コウ**した。

29 雨が上がって**カイ**晴になった。

30 野菜の品種**カイ**良が進む。

31 その問題はすぐには**カイ**決しない。

32 だれにでも変わらない**タイ**度で接する。

33 町の音楽**タイ**のコンサートに行く。

34 わたしの住む町は工業地**タイ**にある。

34	33	32	31	30	29	28	27	26	25	24	23	22	21
帯	隊	態	解	改	快 辞	航	康	講 辞	候 辞	構	好 辞	鉱 辞	効 辞

35 **セイ**治の在り方に興味がある。

36 試合で勝つには**セイ**神力も大事だ。

37 中学校には**セイ**服を着て通学する。

38 妹はおとなしい**セイ**格です。

39 台風は日増しに**セイ**力を強めている。

40 **セイ**潔感がある服装を心がける。

41 久しぶりに部屋を**セイ**理する。

42 運動の対義語は**セイ**止である。

42	41	40	39	38	37	36	35
静	整	清	勢	性	制	精 辞	政

意味をCheck!

2 永遠…限りなくいつまでも続くこと。

3 衛星…わく星のまわりを運行する天体や人工衛星の略。

5 貿易…外国との間で品物を売り買いすること。

11 朝刊…日刊新聞で、朝に発行される物。

12 習慣…日ごろの決まった行い。

21 効果…ききめ。

22 鉄鉱石…鉄をふくむ鉱石。

23 好物…好きな食べ物や飲み物のこと。

25 天候…ある地域の数日以上の期間の大気の状態。天気はある場所のある時刻の気象状態。天候は、天気と気候の中間的意味合いを持つ。

26 講堂…学校や会社などで、式や講演を行うときに使う大きな広間。

29 快晴…気持ちよく空が晴れわたること。

36 精神力…何かをやりとげようとする力。

頻《ひん》出度 A ランク

書き取り①

目標時間 22分

1回目 ／44

2回目 ／44

●次の――線のカタカナを漢字になおしなさい。

- □ **1** 破竹の**イキオ**いで試合に勝つ。
- □ **2** かわいた空気で火が**モ**え広がる。
- □ **3** 売上がのびて**リエキ**が出た。
- □ **4** 学級委員に指名されて**ハ**り切る。
- □ **5** 食事と適度な運動で体力を**タモ**つ。
- □ **6** 虫食いで木の**エダ**がくさる。
- □ **7** 話を聞いて事実を**タシ**かめる。
- □ **8** テストの結果を全国平均と**クラ**べる。
- □ **9** 作物を植えるために畑を**タガヤ**す。
- □ **10** 川が**ユタ**かな水をたたえて流れる。

解答

1 勢　2 燃　3 利益　4 張 辞　5 保　6 枝　7 確　8 比　9 耕 辞　10 豊

- □ **11** 兄に**カギ**ってそんなことはしない。
- □ **12** 池での魚つりは**キンシ**されている。
- □ **13** 家庭訪《ほう》問の先生を部屋に**マネ**く。
- □ **14** かごの中で鳥を**カ**う。
- □ **15** 失敗の**ゲンイン**を考える。
- □ **16** 友人と**ヒタイ**をつき合わせて話す。
- □ **17** 兄はプロ野球選手になるのが**ユメ**だ。
- □ **18** 父は**ベントウ**を持って仕事に行く。
- □ **19** **ホトケ**の顔も三度
- □ **20** 通学には**オウフク**三時間かかる。

解答

11 限　12 禁止　13 招 辞　14 飼　15 原因　16 額 辞　17 夢　18 弁当　19 仏　20 往復

□ **21** マンションの入り口に車を**ヨ**せる。
□ **22** **ソナ**えあればうれいなし
□ **23** 三人で分けると**アマ**りは二個だ。
□ **24** ペンキをぬり重ねて色落ちを**フセ**ぐ。
□ **25** クラブ活動を通して友人が**フ**える。
□ **26** 長年の研究の成果を**ノ**べる。
□ **27** 将《しょう》来の進路について**マヨ**う。
□ **28** 問題の解決方法を**シメ**す。
□ **29** 今年はまだ**サクラ**を見ていない。
□ **30** 休日の遊園地は**コンザツ**がひどい。
□ **31** つらい時間もいつかは**ス**ぎる。
□ **32** うちは代々酒屋を**イトナ**んでいる。
□ **33** 交通量の**チョウサ**をする。
□ **34** 採ったカブトムシを**シイク**する。

21 寄
22 備
23 余
24 防
25 増
26 述
27 迷
28 示
29 桜
30 混雑
31 過
32 営 辞
33 調査
34 飼育

□ **35** 兄は母と顔が**ニ**ている。
□ **36** コーチの**シドウ**のおかげで優《ゆう》勝した。
□ **37** 思い出の地を**フタタ**びおとずれる。
□ **38** 和紙づくりの**ギジュツ**を学ぶ。
□ **39** 妹に長いマフラーを**ア**む。
□ **40** 代々受けつがれた**デントウ**の味だ。
□ **41** 兄は**セキニン**感が強い。
□ **42** テストの**キホン**問題でつまずく。
□ **43** 木の**ミキ**はまっすぐのびている。
□ **44** 父の転勤《きん》で学校を**ウツ**る。

35 似
36 指導
37 再
38 技術
39 編
40 伝統 辞
41 責任
42 基本
43 幹 辞
44 移

意味をCheck!

4 張り切る…やる気や元気がみなぎっていること。糸などがゆるみなく張っていること。
9 耕す…田んぼや畑の土をほり返すこと。
13 招く…手などで合図をして人を呼び寄せる。人をさそって来てもらう。招待する。

16 額…まゆとかみの生えぎわとの間。おでこ。
32 営む…生活のために仕事をする。職業としてする。
40 伝統…ある集団内で受けつがれていること。
43 幹…植物のくき。物事の中心部分。

頻《ひん》出度

Aランク

書き取り②

目標時間 22分

1回目 /44

2回目 /44

●次の——線のカタカナを漢字になおしなさい。

1 昔のツミをくい改める。

2 ひどいサイガイに心をいためる。

3 学校のキソクを守って活動する。

4 道路で子ねこを二ひきホゴする。

5 この店はパーティーでカし切りだ。

6 運を天にマカせる。

7 ケワしい山道でトレーニングをする。

8 三人ヨればもんじゅの知恵《え》

9 クイズ番組の問題はヤサしかった。

10 手洗い、うがいでかぜをヨボウする。

解答

1 罪
2 災害
3 規則
4 保護
5 貸
6 任 辞
7 険 辞
8 寄 辞
9 易 辞
10 予防

11 学校と家庭とで児童をササえる。

12 上級生が出した記録をヤブる。

13 気象エイセイ画像で天気を予想する。

14 雨がやんでヒサしぶりに晴れた。

15 海岸にタえ間なく波がおし寄せる。

16 ケツエキは栄養を体内に運ぶ。

17 アツく切ったステーキを焼く。

18 庭の花にヒリョウをあたえる。

19 受付の案内係が中へとミチビく。

20 庭にザッソウが生えている。

解答

11 支
12 破
13 衛星 辞
14 久
15 絶
16 血液
17 厚
18 肥料
19 導
20 雑草

☐ 21 **キンゾク**バットでホームランを打つ。
☐ 22 すい星が**ニクガン**で確認《にん》できた。
☐ 23 転落防止のさくを**モウ**ける。
☐ 24 スイカを**キントウ**に切り分ける。
☐ 25 **ナイヨウ**がむずかしい本だ。
☐ 26 父は身なりを**セイケツ**にしている。
☐ 27 この春、新しい**コウシャ**が完成した。
☐ 28 ぼくは**ムチュウ**で声えんを送った。
☐ 29 オリンピックで**ドウ**メダルを取る。
☐ 30 星くずをまいたような**ギンガ**だ。
☐ 31 休日は読書をして**ス**ごした。
☐ 32 手術で**サンソ**マスクを口に当てる。
☐ 33 明日の遠足の**ジュンビ**をする。
☐ 34 毎日の運動の**コウカ**が出てきた。

21 金属
22 肉眼
23 設
24 均等 辞
25 内容
26 清潔
27 校舎
28 夢中
29 銅
30 銀河 辞
31 過
32 酸素
33 準備
34 効果

☐ 35 学芸会の出し物で主役を**エン**じる。
☐ 36 戦国時代の**レキシ**を学ぶ。
☐ 37 姉は大学進学を**ココロザ**している。
☐ 38 食事を**ヘ**らすよう医者に言われた。
☐ 39 新しい学級にもだいぶ**ナ**れた。
☐ 40 外国産の果物が**ユニュウ**されている。
☐ 41 **メン**織物で服を作る。
☐ 42 次の目的地まで車で**イドウ**する。
☐ 43 家族全員で食たくを**カコ**む。
☐ 44 父の出世をみなで**ヨロコ**ぶ。

35 演
36 歴史
37 志
38 減
39 慣
40 輸入
41 綿
42 移動
43 囲
44 喜

意味をCheck!

6 運を天に任せる…物事の成り行きに任せる。
7 険しい…かたむきが急で登るのがむずかしいこと。
8 三人寄ればもんじゅの知恵《え》…ふつうの人でも三人集まって相談すれば、よい考えがうかんでくるものだというたとえ。

9 易しい…わかりやすくて平易である。
13 衛星…わく星のまわりを運行する天体。または人工衛星の略。
24 均等…平均していること。平等で差がないこと。
30 銀河…天の川。星の大集団。

頻出度《ひん》

B ランク

読み①

●次の——線の漢字の読みをひらがなで答えなさい。

1 仕事の効率を高める。
2 この製品は中国で作られている。
3 この本の定価は千円です。
4 運動会の日は快晴だった。
5 基本に立ち返って考える。
6 親に逆らった態度を取る。
7 講堂で全校集会を開く。
8 合宿では守備の練習をする。
9 七夕には織りひめとひこ星が会う。
10 遊園地の入場を制限する。

解答

1 こうりつ
2 せいひん
3 ていか 辞
4 かいせい 辞
5 きほん
6 さか
7 こうどう 辞
8 しゅび
9 お
10 せいげん

11 富士の雪解け水を飲み水にいかす。
12 この石油ストーブは旧式だ。
13 適度な運動が健康づくりに役立つ。
14 コンサートの開演まであと五分だ。
15 事件の内容を余すところなく伝える。
16 眼下に広がる景色に感動する。
17 仮の住まいに身を寄せる。
18 寒いので厚いコートをはおる。
19 村の人口の統計を取る。
20 子供《ども》のころから舌《した》が肥えている。

解答

11 ゆきど
12 きゅうしき
13 てきど
14 かいえん
15 あま
16 がんか
17 かり
18 あつ
19 とうけい 辞
20 こ

目標時間 22分

1回目 ／44

2回目 ／44

- □ **21** 今日習った科目の復習をする。
- □ **22** 親せきを誕《たん》生会に招待する。
- □ **23** 上野公園には大きな銅像がある。
- □ **24** テストの平均点は六十二点だ。
- □ **25** なくなった祖母の夢を見た。
- □ **26** 川はとなり町との境を流れる。
- □ **27** 卒業文集の在り方を考える。
- □ **28** 馬が暴れてけがをする。
- □ **29** 有名な建築家が建てた家だ。
- □ **30** 空き地は立ち入り禁止になっている。
- □ **31** シラカバの小枝が風にゆれる。
- □ **32** 読みやすいように句読点をつける。
- □ **33** ぼくはテニス部に所属している。
- □ **34** 車の状態を見て対応する。

21 ふくしゅう　**22** しょうたい　**23** どうぞう　**24** へいきん　**25** ゆめ　**26** さかい　**27** あ　**28** あば　**29** けんちく　**30** きんし　**31** こえだ　**32** くとうてん 辞　**33** しょぞく　**34** じょうたい

- □ **35** 豊富な知識をひけらかす。
- □ **36** 河原でバーベキューを楽しむ。
- □ **37** 年賀状のやり取りが続いている。
- □ **38** 仏の顔も三度
- □ **39** 祖母の墓は横浜《よこはま》にある。
- □ **40** ももの節句にちらしずしを食べる。
- □ **41** 条件付きで参加を許可する。
- □ **42** 税金の支はらいをすませる。
- □ **43** 失敗した原因を考える。
- □ **44** 高気圧が接近して暖かくなった。

35 ちしき　**36** かわら　**37** ねんがじょう　**38** ほとけ　**39** はか　**40** せっく 辞　**41** じょうけん 辞　**42** ぜいきん　**43** げんいん　**44** こうきあつ

意味をCheck!

3 定価…商品の、前もって決めてある売値《ね》。
4 快晴…気持ちよく空が晴れわたること。
7 講堂…学校や会社などで、式や講演を行うときに使う大きな広間。
19 統計…調査して数量で表すこと。調査で得られた数量データ。

32 句読点…句点と読点。多くは句点には「。」、読点には「、」を使う。
40 節句…日本のこよみの一つで、伝統的な年中行事を行う季節の節目となる日のこと。
41 条件…物事が成り立つために必要となるもの。

頻出度《ひん》
B
ランク

読み②

目標時間 22分

1回目 ／44

2回目 ／44

● 次の——線の**漢字の読み**を**ひらがな**で答えなさい。

☐ 1 神様仏様に合格をいのる。
☐ 2 絶好のチャンスをのがす。
☐ 3 体重は毎週、測定している。
☐ 4 飛行機の構造に興味がある。
☐ 5 姉は出版社で働いている。
☐ 6 この夏の暑さで体重が減る。
☐ 7 情報を正確に伝える。
☐ 8 逆上がりができるようになった。
☐ 9 大型の台風が接近する。
☐ 10 悪天候で乗船する船が欠航した。

解答
1 ほとけさま
2 ぜっこう 辞
3 そくてい
4 こうぞう
5 しゅっぱん
6 へ
7 せいかく
8 さかあ
9 おおがた
10 けっこう

☐ 11 駅前にビルが建設される。
☐ 12 あなたの意見に賛成します。
☐ 13 作家の講演会を聞きに行く。
☐ 14 友人と団体旅行に参加する。
☐ 15 自動車の製造にたずさわる。
☐ 16 遠ざかる船が肉眼で見えた。
☐ 17 毒を持つ生物を調べる。
☐ 18 能あるたかはつめをかくす
☐ 19 九回裏《うら》ツーアウトから逆転した。
☐ 20 公演は昼と夜の二回、行われる。

解答
11 けんせつ
12 さんせい
13 こうえん 辞
14 だんたい
15 せいぞう
16 にくがん
17 どく
18 のう
19 ぎゃくてん
20 こうえん

☐ 21 要領よく仕事を進める。
☐ 22 台風二十号が本州に接近している。
☐ 23 友達の悲しみを想像する。
☐ 24 旅行者の日程を調整する。
☐ 25 外国からの航空便を受け取る。
☐ 26 意見を聞いて総合的に判断する。
☐ 27 草花に肥料をほどこす。
☐ 28 子役が二つの役を演じる。
☐ 29 災害に備えて食料を保管する。
☐ 30 気配を感じて身構える。
☐ 31 大雨で川の水かさが増した。
☐ 32 成績は五段階で評価される。
☐ 33 朝夕は駅の混雑がひどい。
☐ 34 例年より多くの花粉が飛散する。

21 ようりょう
22 せっきん
23 そうぞう
24 にってい 辞
25 こうくうびん
26 そうごう
27 ひりょう
28 えん
29 さいがい
30 みがま
31 ま
32 ひょうか 辞
33 こんざつ
34 かふん

☐ 35 粉末の薬は苦手だ。
☐ 36 あなたのご親切に感謝します。
☐ 37 天気予報を見てから出かける。
☐ 38 大統領夫妻が来日する。
☐ 39 店の営業時間を調べる。
☐ 40 大会中は通行が規制される。
☐ 41 プリントを一番に提出する。
☐ 42 消毒液を使って手を洗《あら》う。
☐ 43 手洗《あら》い、うがいで衛生に気を付ける。
☐ 44 川でおぼれた子どもを救う。

35 ふんまつ
36 かんしゃ
37 よほう
38 ふさい
39 えいぎょう
40 きせい 辞
41 ていしゅつ
42 しょうどく
43 えいせい 辞
44 すく

意味をCheck!

2 絶好…きわめて良いこと。
13 講演…聞き手に向けて、題目にそって話をすること。またその話。
24 日程…仕事・議事・旅行などの日々の予定。
32 評価…善悪などの価値を定めること。特に、高く価値を定めること。
40 規制…規則にのっとって行動などを制限すること。従《したが》うべき決まりのこと。
43 衛生…健康を保ち、より健康になるために、病気の予防や治りょうにつとめること。

頻出度《ひん》
B
ランク

漢字と送りがな①

目標時間 14分

1回目 /28

2回目 /28

●次の――線のカタカナを○の中の漢字と送りがな（ひらがな）で答えなさい。

〈例〉（考）問題の答えをカンガエル　考える

1 （支）友人の傷《きず》ついた心をササエル。

2 （招）自宅《たく》に親せきをマネク。

3 （逆）母の意見にサカラウ。

4 （燃）近所の家が火事でモエル。

5 （限）大関が今日カギリで引退《たい》する。

解答
1 支える
2 招く
3 逆らう
4 燃える
5 限り

6 （率）高学年が新入生をヒキイル。

7 （修）大学に進んで学問をオサメル。

8 （測）学校で身長をハカル。

9 （破）ズボンのひざがヤブレル。

10 （備）災害にソナエル。

解答
6 率いる
7 修める
8 測る
9 破れる
10 備える

部首と部首

画数

じゅく語の構成

三字のじゅく語

対義語・類義語

じゅく語作り

音と訓

同じ読みの漢字

書き取り

模擬テスト

□ 19 許 あやまちを快く**ユルス**。

□ 18 囲 家族で食たくを**カコム**。

□ 17 築 りっぱな地位を**キズク**。

□ 16 過 厳（きび）しい暑さもピークを**スギル**。

□ 15 慣 新しいクラスにようやく**ナレル**。

□ 14 増 小鳥がはんしょくして**フエル**。

□ 13 移 本だなを自分の部屋に**ウツス**。

□ 12 任 四年生に係の仕事を**マカセル**。

□ 11 絶 古い友人からの便りが**タエル**。

19 許す

18 囲む

17 築く

16 過ぎる

15 慣れる

14 増える

13 移す

12 任せる

11 絶える

□ 28 救 川でおぼれた犬を**スクウ**。

□ 27 責 失敗した人を**セメル**。

□ 26 解 計算問題を**トク**。

□ 25 余 何が起きたか**アマス**ところなく話せ。

□ 24 保 気持ちをおだやかに**タモツ**。

□ 23 減 宿題の量を**ヘラス**。

□ 22 肥 草木を焼いて畑を**コヤス**。

□ 21 防 人々の混乱（らん）を**フセグ**。

□ 20 厚 日曜大工で**アツイ**板を使う。

28 救う

27 責める

26 解く

25 余す

24 保つ

23 減らす

22 肥やす

21 防ぐ

20 厚い

頻《ひん》出度
B ランク

部首名と部首①

目標時間 26分

1回目 /52

2回目 /52

● 次の漢字の**部首名**と**部首**を答えなさい。**部首名**は、後の□から選んで**記号**で答えなさい。

〈例〉花・茶　部首名（コ）　部首〔艹〕

	部首名	部首
☐ 貧・資	（1）	〔2〕
☐ 圧・基	（3）	〔4〕
☐ 句・史	（5）	〔6〕
☐ 厚・原	（7）	〔8〕
☐ 祖・祝	（9）	〔10〕

ア がんだれ　イ つち　ウ くち　エ かい・こがい　オ しめすへん

解答

部首名	部首
1 エ	2 貝
3 イ	4 土
5 ウ	6 口
7 ア	8 厂
9 オ	10 礻

	部首名	部首
☐ 税・程	（11）	〔12〕
☐ 肥・脈	（13）	〔14〕
☐ 置・罪	（15）	〔16〕
☐ 応・念	（17）	〔18〕
☐ 官・害	（19）	〔20〕

ア こころ　イ あみがしら・あみめ・よこめ　ウ のぎへん　エ にくづき　オ うかんむり

解答

部首名	部首
11 ウ	12 禾
13 エ	14 月
15 イ	16 罒
17 ア	18 心
19 オ	20 宀

	部首名	部首
提・授	(21)	[22]
管・笑	(23)	[24]
勢・務	(25)	[26]
堂・型	(27)	[28]
修・停	(29)	[30]
照・無	(31)	[32]
郡・都	(33)	[34]
別・利	(35)	[36]

ア てへん　イ れんが・れっか　ウ おおざと
エ にんべん　オ りっとう　カ ちから　キ つち
ク たけかんむり

	21	23	25	27	29	31	33	35
部首名	ア	ク	カ	キ	エ	イ	ウ	オ

	22	24	26	28	30	32	34	36
部首	扌	⺮	力	土	亻	灬	阝	刂

	部首名	部首
陸・限	(37)	[38]
常・布	(39)	[40]
余・令	(41)	[42]
貸・賛	(43)	[44]
河・準	(45)	[46]
犯・独	(47)	[48]
似・仮	(49)	[50]
暴・旧	(51)	[52]

ア ひとやね　イ ひ　ウ こざとへん　エ はば
オ にんべん　カ かい・こがい　キ さんずい
ク けものへん

	37	39	41	43	45	47	49	51
部首名	ウ	エ	ア	カ	キ	ク	オ	イ

	38	40	42	44	46	48	50	52
部首	阝	巾	人	貝	氵	犭	亻	日

頻出度《ひん》
B
ランク

画数①

目標時間 28分

1回目 /56

2回目 /56

●次の漢字の**太い画**のところは**筆順の何画目**か、また**総画数は何画**か、**算用数字**（1、2、3…）で答えなさい。

漢字	何画目	総画数
張	（1）	［2］
鉱	（3）	［4］
属	（5）	［6］
版	（7）	［8］
婦	（9）	［10］
河	（11）	［12］

解答

	何画目	総画数
1・2	4	11
3・4	11	13
5・6	3	12
7・8	5	8
9・10	3	11
11・12	5	8

漢字	何画目	総画数
逆	（13）	［14］
常	（15）	［16］
減	（17）	［18］
護	（19）	［20］
準	（21）	［22］
非	（23）	［24］

解答

	何画目	総画数
13・14	6	9
15・16	1	11
17・18	11	12
19・20	15	20
21・22	6	13
23・24	2	8

読み

漢字と送りがな

部首名と部首

画　数

じゅく語の構成

三字のじゅく語

対義語・類義語

じゅく語作り

音と訓

同じ読みの漢字

書き取り

模擬テスト

	☑	☑	☑	☑	☑	☑	☑	☑	
	妻	費	殺	貸	永	貿	暴	墓	
	(39)	(37)	(35)	(33)	(31)	(29)	(27)	(25)	何画目
	[40]	[38]	[36]	[34]	[32]	[30]	[28]	[26]	総画数

39	37	35	33	31	29	27	25	何画目
3	5	9	5	3	3	8	8	
40	**38**	**36**	**34**	**32**	**30**	**28**	**26**	総画数
8	12	10	12	5	12	15	13	

	☑	☑	☑	☑	☑	☑	☑	☑	
	在	個	価	程	歴	囲	適	職	
	(55)	(53)	(51)	(49)	(47)	(45)	(43)	(41)	何画目
	[56]	[54]	[52]	[50]	[48]	[46]	[44]	[42]	総画数

55	53	51	49	47	45	43	41	何画目
2	5	6	11	11	5	5	16	
56	**54**	**52**	**50**	**48**	**46**	**44**	**42**	総画数
6	10	8	12	14	7	14	18	

頻《ひん》出度

B ランク

画数②

● 次の漢字の**太い画**のところは**筆順の何画目**か、また**総画数は何画**か、**算用数字**（1、2、3…）で答えなさい。

漢字	何画目	総画数
情	（1）	［2］
提	（3）	［4］
衛	（5）	［6］
効	（7）	［8］
能	（9）	［10］
脈	（11）	［12］

解答

	1	3	5	7	9	11
何画目	3	9	13	5	8	9

	2	4	6	8	10	12
総画数	11	12	16	8	10	10

漢字	何画目	総画数
織	（13）	［14］
属	（15）	［16］
迷	（17）	［18］
費	（19）	［20］
絶	（21）	［22］
婦	（23）	［24］

解答

	13	15	17	19	21	23
何画目	16	10	3	4	9	1

	14	16	18	20	22	24
総画数	18	12	9	12	12	11

目標時間 28分

1回目 ／56

2回目 ／56

	構	象	準	犯	潔	往	限	武
何画目	（25）	（27）	（29）	（31）	（33）	（35）	（37）	（39）
総画数	［26］	［28］	［30］	［32］	［34］	［36］	［38］	［40］

何画目	25 6	27 9	29 8	31 3	33 5	35 7	37 7	39 6
総画数	26 14	28 12	30 13	32 5	34 15	36 8	38 9	40 8

	編	酸	弁	豊	独	圧	布	減
何画目	（41）	（43）	（45）	（47）	（49）	（51）	（53）	（55）
総画数	［42］	［44］	［46］	［48］	［50］	［52］	［54］	［56］

何画目	41 10	43 6	45 3	47 5	49 3	51 2	53 2	55 6
総画数	42 15	44 14	46 5	48 13	50 9	52 5	54 5	56 12

頻出度《ひん》
B
ランク

じゅく語の構成①

目標時間 18分

1回目 /36

2回目 /36

●漢字を二字組み合わせたじゅく語では、二つの漢字の間に意味の上で、次のような関係があります。

ア 反対や対《つい》になる意味の字を組み合わせたもの。（例…**上下**）

イ 同じような意味の字を組み合わせたもの。（例…**森林**）

ウ 上の字が下の字の意味を説明（修飾《しょく》）しているもの。（例…**海水**）

エ 下の字から上の字へ返って読むと意味がよくわかるもの。（例…**消火**）

次の**じゅく語**は、右のア〜エのどれにあたるか、**記号**で答えなさい。

1 製紙
2 道路
3 高低
4 品質
5 急増
6 県境

解答と解説

1 エ（せいし）製（造する）⬆紙（を）

2 イ（どうろ）どちらも「道」の意味

3 ア（こうてい）高（い）⬍低（い）

4 ウ（ひんしつ）品（物の）⬇質

5 ウ（きゅうぞう）急（に）⬇増（す）

6 ウ（けんきょう・けんざかい）県（の）⬇境

7 酸性
8 生産
9 通過
10 悲報
11 身体
12 小枝

解答と解説

7 ウ（さんせい）酸（の）⬇性（質）

8 イ（せいさん）どちらも「うみだす」の意味

9 イ（つうか）どちらも「通る」の意味

10 ウ（ひほう）悲（しい）⬇報（「報」は「知らせ」の意味）

11 イ（からだ）どちらも「からだ」の意味

12 ウ（こえだ）小（さい）⬇枝

13 大群
14 往復
15 破損
16 水圧
17 遠近
18 防火
19 快走
20 気圧

13 **ウ**（たいぐん）大（きな）↓群（れ）
14 **ア**（おうふく）往《い》（く）↕復（する）「復」は戻るの意味
15 **イ**（はそん）どちらも「こわれる」の意味
16 **ウ**（すいあつ）水（の）↓圧（力）
17 **ア**（えんきん）遠（い）↕近（い）
18 **エ**（ぼうか）防（ぐ）↑火（を）
19 **ウ**（かいそう）快（く）↓走（る）
20 **ウ**（きあつ）（空）気（の）↓圧（力）

21 昼夜
22 墓地
23 移転
24 戦争
25 大仏
26 防災
27 因果
28 断水

21 **ア**（ちゅうや）昼↕夜
22 **ウ**（ぼち）墓（の）↓（土）地
23 **イ**（いてん）どちらも「うつる」の意味
24 **イ**（せんそう）どちらも「たたかう」の意味
25 **ウ**（だいぶつ）大（きな）↓仏
26 **エ**（ぼうさい）防（ぐ）↑災（いを）
27 **ア**（いんが）（原）因↕（結）果
28 **エ**（だんすい）断（つ）↑水（を）

29 個室
30 切断
31 友情
32 酸味
33 増税
34 朝刊
35 停止
36 寒冷

29 **ウ**（こしつ）個（ひとつの）↓室（部屋）
30 **イ**（せつだん）どちらも「きる」の意味
31 **ウ**（ゆうじょう）友（の）↓情（け）
32 **ウ**（さんみ）酸（すっぱい）↓味
33 **エ**（ぞうぜい）増（やす）↑税（を）
34 **ウ**（ちょうかん）朝（に）↓刊（行される新聞）
35 **イ**（ていし）どちらも「とまる」の意味
36 **イ**（かんれい）どちらも「つめたい」の意味

頻《ひん》出度 B ランク

三字のじゅく語①

目標時間 32分

1回目 ／64

2回目 ／64

● 次の**カタカナ**を**漢字**になおし、**一字だけ**答えなさい。

1 悪条**ケン**	1 件
2 不合**カク**	2 格
3 **エイ**久歯	3 永
4 **キ**本線	4 基
5 芸**ジュツ**家	5 術
6 **ゲン**住所	6 現
7 **サイ**出発	7 再
8 **ザイ**校生	8 在 辞
9 競**ギ**場	9 技
10 市民**ゼイ**	10 税
11 無期**ゲン**	11 限
12 **ニ**顔絵	12 似
13 非能**リツ**	13 率 辞
14 無表**ジョウ**	14 情 辞
15 **ヒ**常識	15 非 辞
16 **ショク**員室	16 職
17 **ベン**護士	17 弁
18 **ユ**入品	18 輸
19 規**ソク**的	19 則
20 無**ジョウ**件	20 条
21 調**サ**書	21 査
22 **セイ**神力	22 精 辞
23 **ベン**当箱	23 弁
24 血**エキ**型	24 液
25 不**テキ**切	25 適
26 綿**オリ**物	26 織 辞
27 本**カク**的	27 格
28 安全**セイ**	28 性
29 **ヒ**公式	29 非 辞
30 不**トウ**一	30 統
31 **ゲン**実性	31 現
32 平**キン**的	32 均

☐ 33 **ヒ**売品
☐ 34 出**パン**社
☐ 35 住民**ゼイ**
☐ 36 不**キ**則
☐ 37 不**エイ**生
☐ 38 感**ジョウ**的
☐ 39 芸**ジュツ**的
☐ 40 自画**ゾウ**
☐ 41 投票**リツ**
☐ 42 美**ヨウ**院
☐ 43 **ゲン**実的

33 非 辞
34 版
35 税
36 規 辞
37 衛
38 情 辞
39 術
40 像 辞
41 率
42 容
43 現

☐ 44 道**トク**心
☐ 45 検**サ**室
☐ 46 高品**シツ**
☐ 47 **キ**則的
☐ 48 美意**シキ**
☐ 49 消毒**エキ**
☐ 50 平**キン**点
☐ 51 悪**ジョウ**件
☐ 52 金**ゾク**製
☐ 53 軽**ハン**罪
☐ 54 方**ガン**紙

44 徳
45 査
46 質
47 規
48 識 辞
49 液
50 均
51 条
52 属
53 犯
54 眼

☐ 55 **オウ**接室
☐ 56 **キョウ**界線
☐ 57 無神**ケイ**
☐ 58 **シ**育箱
☐ 59 **ボウ**易港

55 応
56 境 辞
57 経 辞
58 飼
59 貿

☐ 60 永**キュウ**歯
☐ 61 年**ガ**状
☐ 62 **ショウ**待状
☐ 63 低血**アツ**
☐ 64 好**ジョウ**件

60 久 辞
61 賀
62 招
63 圧
64 条

意味をCheck!

8 在校生…学校に籍《せき》を置いている児童・生徒。
13 非効率…効率的ではないこと。むだが多いこと。
14 無表情…顔に表情が見られないこと。
15 非常識…常識に外れていること。常識のないこと。
22 精神力…何かをやりとげようとする力。
26 綿織物…綿を素材にした織物。
29 非公式…おおやけに決められた方式や形式ではないこと。
33 非売品…見本品や特定の人に配られる記念品など、販《はん》売しない品物。

36 不規則…規則的ではないこと。
38 感情的…感情の動きがはげしく、表情や態度に表す様子。または理性を失って感情のままにふるまうこと。
40 自画像…自分自身でえがいた自己《こ》の絵画などのこと。
48 美意識…美しさに対する意識や思いなどの心の動き。
56 境界線…複数のものをへだてる境の線。
57 無神経…他人への配りょがないこと。感覚がにぶいこと。
60 永久歯…乳歯に代わって生えてくる成人の歯。

頻《ひん》出度
B
ランク

対義語・類義語①

目標時間 11分

1回目 ／22

2回目 ／22

●次の1 2それぞれの後の□の中のひらがなを漢字になおして、**対義語**（意味が反対や対《つい》になることば）と、**類義語**（意味がよくにたことば）を答えなさい。□の中のひらがなは**一度だけ**使い、**漢字一字**を答えなさい。

1 対義語

☐質問―（1）答
☐希望―（2）望
☐増加―（3）少
☐合成―分（4）
☐集団―（5）別

おう　かい　げん
こ　ぜつ

類義語

☐以前―（6）去
☐運送―運（7）
☐指図―指（8）
☐才能―（9）質
☐留守―不（10）

か　ざい　じ
そ　ゆ

解答

1 質問《しつもん》―応答《おうとう》 辞
2 希望《きぼう》―絶望《ぜつぼう》 辞
3 増加《ぞうか》―減少《げんしょう》
4 合成《ごうせい》―分解《ぶんかい》 辞
5 集団《しゅうだん》―個別《こべつ》
6 以前《いぜん》―過去《かこ》
7 運送《うんそう》―運輸《うんゆ》
8 指図《さしず》―指示《しじ》 辞
9 才能《さいのう》―素質《そしつ》
10 留守《るす》―不在《ふざい》

部首名と部首

画数

じゅく語の構成

三字のじゅく語

対義語・類義語

じゅく語作り

音と訓

同じ読みの漢字

書き取り

模擬テスト

2 対義語

☑ 実際─想（11）

☑ 応用─（12）本

☑ 集合─（13）散

☑ 例外─原（14）

☑ 用心─油（15）

☑ 子孫─（16）先

かい　き　そ
ぞう　そく　だん

類義語

☑ 性質─性（17）

☑ 不安─心（18）

☑ 中止─中（19）

☑ 役目─（20）務

☑ 最良─（21）好

☑ 熱中─（22）中

かく　ぜっ　だん
にん　ぱい　む

意味をCheck!

1 応答…問いに答えること。受け答え。

2 絶望…望みがなくなること。希望を全く失うこと。

12 応用…原理や知識を実際に当て

4 合成…二つ以上のものを合わせて一つのものにすること。

8 指図…言いつけて、させること。

15 用心…こまったことにならないように、あらかじめ注意すること。

15 油断…気を許すこと。不注意。

20 任務…自分の責任として課せられたつとめ。

21 絶好…きわめて良いこと。

はめて利用すること。

11 実際─想像 $_{じっさい}$ $_{そうぞう}$

17 性質─性格 $_{せいしつ}$ $_{せいかく}$

12 辞 応用─基本 $_{おうよう}$ $_{きほん}$

18 不安─心配 $_{ふあん}$ $_{しんぱい}$

13 集合─解散 $_{しゅうごう}$ $_{かいさん}$

19 中止─中断 $_{ちゅうし}$ $_{ちゅうだん}$

14 例外─原則 $_{れいがい}$ $_{げんそく}$

20 役目─任務 $_{やくめ}$ $_{にんむ}$

15 辞 用心─油断 $_{ようじん}$ $_{ゆだん}$

21 最良─絶好 $_{さいりょう}$ $_{ぜっこう}$

16 子孫─祖先 $_{しそん}$ $_{そせん}$

頻《ひん》出度
B
ランク

対義語・類義語②

目標時間 11分

1回目 ／22

2回目 ／22

●次の1 2それぞれの後の□の中のひらがなを漢字になおして、**対義語**（意味が反対や対《つい》になることば）と、**類義語**（意味がよくにたことば）を答えなさい。□の中のひらがなは**一度だけ**使い、**漢字一字**を答えなさい。

1 対義語

☑利益―（1）失

☑修理―破（2）

☑本店―（3）店

☑失点―（4）点

☑減少―（5）加

し　ぞう　そん
そん　とく

類義語

☑運送―（6）送

☑副業―内（7）

☑衛生―（8）健

☑空想―想（9）

☑医者―医（10）

し　しょく　ぞう
ほ　ゆ

解答

1 利益《りえき》―損失《そんしつ》

2 修理《しゅうり》―破損《はそん》 辞

3 本店《ほんてん》―支店《してん》

4 失点《しってん》―得点《とくてん》

5 減少《げんしょう》―増加《ぞうか》

6 運送《うんそう》―輸送《ゆそう》

7 副業《ふくぎょう》―内職《ないしょく》 辞

8 衛生《えいせい》―保健《ほけん》

9 空想《くうそう》―想像《そうぞう》 辞

10 医者《いしゃ》―医師《いし》

2 対義語

□基本―（11）用
□実名―（12）名
□不潔―（13）潔
□利益―（14）害
□往路―（15）路
□接続―切（16）

おう　か　せい
そん　だん　ふく

類義語

□生産―製（17）
□決心―決（18）
□建設―建（19）
□教授―指（20）
□失望―（21）望
□才能―素（22）

しっ　ぜつ　ぞう
ちく　てい　どう

---

11 基本《きほん》―応用《おうよう》
12 実名《じつめい》―辞 仮名《かめい》
13 不潔《ふけつ》―辞 清潔《せいけつ》
14 利益《りえき》―損害《そんがい》
15 往路《おうろ》―復路《ふくろ》
16 辞 接続《せつぞく》―切断《せつだん》
17 生産《せいさん》―製造《せいぞう》
18 決心《けっしん》―決定《けってい》
19 建設《けんせつ》―建築《けんちく》
20 教授《きょうじゅ》―指導《しどう》
21 辞 失望《しつぼう》―辞 絶望《ぜつぼう》
22 才能《さいのう》―素質《そしつ》

意味をCheck!

2 破損…破れきずつくこと。こわれること。
7 内職…本業のほかに収《しゅう》入を得るため、おもに在宅《たく》で行う仕事。

9 空想…実際にはない事がらについて想像すること。
12 仮名…本当の名前ではなく、仮に付けた名前。

13 清潔…よごれがなくきれいなこと。衛生的なこと。
16 接続…つなぐこと。つながること。続けること。続くこと。

21 失望…望みを失うこと。当てが外れて、がっかりすること。
21 絶望…望みがなくなること。希望を全く失うこと。

読み
漢字と送りがな
部首と部首名
画数
じゅく語の構成
三字のじゅく語
対義語・類義語
じゅく語作り
音と訓
同じ読みの漢字
書き取り
模擬テスト

頻出度 B ランク

じゅく語作り①

● 次の **1**〜**4**について、上の読みの漢字を□の中から選び、（ ）にあてはめてじゅく語を作りなさい。答えは**記号**で答えなさい。

目標時間 **12分**

1回目 ／24
2回目 ／24

1

□ テイ	□ ヒョウ
（**4**）案	好（**1**）
日（**5**）	（**2**）準
（**6**）電	（**3**）河

ア 氷　イ 停　ウ 底　エ 表　オ 評　カ 定
キ 庭　ク 程　ケ 提　コ 標　サ 低　シ 票

解答

1 オ（好評 こうひょう）
2 コ（標準 ひょうじゅん）
3 ア（氷河 ひょうが）
4 ケ（提案 ていあん）辞
5 ク（日程 にってい）辞
6 イ（停電 ていでん）辞

2

□ ヒ	□ セイ
消（**11**）	（**7**）格
（**10**）料	（**8**）造
（**12**）常	（**9**）力

ア 比　イ 精　ウ 勢　エ 政　オ 悲　カ 制
キ 製　ク 飛　ケ 費　コ 肥　サ 性　シ 非

解答

7 サ（性格 せいかく）
8 キ（製造 せいぞう）
9 ウ（勢力 せいりょく）
10 コ（肥料 ひりょう）
11 ケ（消費 しょうひ）辞
12 シ（非常 ひじょう）辞

3

カ	ドウ
通（13　）	指（16　）
（14　）口	（17　）貨
（15　）物	食（18　）

ア 仮　イ 動　ウ 過　エ 銅　オ 導　カ 堂
キ 価　ク 河　ケ 童　コ 道　サ 加　シ 貨

13 ウ（通過）	14 ク（河口）	15 シ（貨物）	16 オ（指導）	17 エ（銅貨）	18 カ（食堂）辞

4

フ	ケン
毛（19　）	（22　）設
豊（20　）	保（23　）
（21　）妻	経（24　）

ア 婦　イ 建　ウ 不　エ 件　オ 検　カ 夫
キ 険　ク 研　ケ 布　コ 富　サ 府　シ 験

19 ケ（毛布）	20 コ（豊富）	21 カ（夫妻）	22 イ（建設）	23 キ（保険）辞	24 シ（経験）辞

意味をCheck!

4 提案…ある考えや案を出すこと。

5 日程…仕事・議事・旅行などの日々の予定。

6 停電…送電が一時的に止まること。また、その結果電灯が消えること。

10 肥料…畑や田に加えられる植物の成長をうながす栄養物。

11 消費…お金や物、時間などを使ってなくすこと。

15 貨物…鉄道や船、トラックなどの大型の車で運ぶ荷物。

20 豊富…たくさんあること。「豊富な知識」「豊富な資源」などと使う。

23 保険…災害などに備えて多くの人がお金を出し合い、事故が起きたときに決められた金額のお金を受け取るしくみ。

読み　漢字と送りがな　部首と部首名　画数　じゅく語の構成　三字のじゅく語　対義語・類義語　じゅく語作り　音と訓　同じ読みの漢字　書き取り　模擬テスト

頻出度《ひんしゅつど》 Bランク

音と訓①

●漢字の読みには音と訓があります。次の**じゅく語の読み**は□の中のどの組み合わせになっていますか。ア～エの**記号**で答えなさい。

ア 音と音	イ 音と訓	ウ 訓と訓	エ 訓と音

1 遠《とお》浅《あさ》
2 清《せい》潔《けつ》
3 仮《か》定《てい》
4 検《けん》査《さ》
5 弁《べん》当《とう》
6 酸《さん》素《そ》
7 手《て》順《じゅん》
8 移《い》民《みん》
9 真《ま》綿《わた》
10 禁《きん》止《し》

解答
1 ウ 辞
2 ア
3 ア
4 ア
5 ア
6 ア
7 エ 辞
8 ア 辞
9 ウ 辞
10 ア

11 親《しん》身《み》
12 先《せん》手《て》
13 墓《はか》場《ば》
14 塩《しお》水《みず》
15 正《せい》義《ぎ》
16 厚《あつ》着《ぎ》
17 毎《まい》朝《あさ》
18 歌《うた》声《ごえ》
19 身《み》分《ぶん》
20 耕《こう》作《さく》

解答
11 イ 辞
12 イ 辞
13 ウ
14 ウ
15 ア
16 ウ
17 イ
18 ウ
19 エ
20 ア 辞

目標時間 20分

1回目 /40

2回目 /40

部首と部首名
画数
じゅく語の構成
三字のじゅく語
対義語・類義語
じゅく語作り
音と訓
同じ読みの漢字
書き取り
模擬テスト

意味をCheck!

1 遠浅…海や河などで、岸から遠くおきのほうまで水深が浅いこと。

7 手順…物事を行うときの順番。

8 移民…仕事のために外国にうつり住むこと。

9 真綿…蚕のまゆを引きのばして作った綿。

11 親身…身内の人のように真心こもった心づかいをするさま。

12 先手…相手よりも先に行動を起こすこと。

20 耕作…田畑を耕して、野菜などを育てること。

21 支店…本店とは別の場所にあり、本店の指揮のもと活動を行う営業所。

25 要領…物事の処理が上手であること。

26 留学…外国に住んで勉強すること。

28 綿花…植物のワタの種子を包んでいる白い毛のようなもの。綿の原料となる。

29 大河…大きな川。

31 暴走…規則を無視して乱暴に走ること。

33 出張…仕事で担当している場所とちがう所に行くこと。

34 分布…あるはんいのあちこちに広がって存在すること。

35 粉雪…通常の雪よりも粉のように小さくさらさらした雪。

36 建具…戸・障子・ふすまなど、室内を区切るために取り付けて開けたりしめたりするもの。

40 往復…行きと帰り。

□21 支店（してん）

□22 団体（だんたい）

□23 暴力（ぼうりょく）

□24 厚手（あつで）

□25 要領（ようりょう）

□26 留学（りゅうがく）

□27 正常（せいじょう）

□28 綿花（めんか）

□29 大河（たいが）

□30 武道（ぶどう）

21	22	23	24	25
ア辞	ア	ア	ウ	ア辞
26	27	28	29	30
ア辞	ア	ア辞	ア辞	ア

□31 暴走（ぼうそう）

□32 住居（じゅうきょ）

□33 出張（しゅっちょう）

□34 分布（ぶんぷ）

□35 粉雪（こなゆき）

□36 建具（たてぐ）

□37 志望（しぼう）

□38 移動（いどう）

□39 責任（せきにん）

□40 往復（おうふく）

31	32	33	34	35
ア辞	ア	ア辞	ア辞	ウ辞
36	37	38	39	40
エ辞	ア	ア	ア	ア辞

頻《ひん》出度
B
ランク

同じ読みの漢字①

目標時間 21分

1回目　／42

2回目　／42

● 次の――線のカタカナを漢字になおしなさい。

1 司令官は正しいハン断を下した。
2 ハン罪の芽をつむ努力が必要だ。
3 夕ハンまでには帰ってきなさい。
4 ハン画の絵を家にかざった。
5 かみなりが落ちてテイ電になった。
6 修学旅行は二はく三日の日テイだ。
7 話し合いで新しいテイ案が出された。
8 試験で優《ゆう》しゅうな成セキを修める。
9 各自がセキ任を持って行動する。
10 東京ドーム三個分の面セキがある。

解答
1 判
2 犯
3 飯
4 版 辞
5 停 辞
6 程 辞
7 提 辞
8 績
9 責
10 積

11 一世キは百年間だ。
12 キ則を守って学校生活を送る。
13 君の答えはキ本的に正しい。
14 台風のひ災地にキ付する。
15 本案はサン成多数で可決された。
16 月面にはサン素がない。
17 健康のために毎日サン歩をしている。
18 事ケンの経過が明らかになる。
19 自由ケン究に力を入れる。
20 保ケン室の先生はやさしい。

解答
11 紀
12 規
13 基
14 寄 辞
15 賛
16 酸
17 散
18 件
19 研
20 健

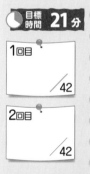

□ **21** 大会に優《ゆう》勝して賞**ジョウ**をもらう。
□ **22** 申しこみの**ジョウ**件を確かめる。
□ **23** しゅみに**ジョウ**熱をかたむける。
□ **24** 年月を**へ**た家具があめ色に光る。
□ **25** 健康のために体重を**へ**らす。
□ **26** イベントの参加**ヒ**を集める。
□ **27** 畑に**ヒ**料をまいた。
□ **28** 災害という**ヒ**常事態に備える。
□ **29** スポーツでは野球が**トク**意だ。
□ **30** 学校で道**トク**を学ぶ。
□ **31** 新しい校**シャ**が今年完成した。
□ **32** 相手の親切に感**シャ**する。
□ **33** 兄は気の強い性**カク**だ。
□ **34** 昨日の出来事を正**カク**に伝える。

21	22	23	24	25	26	27	28	29	30	31	32	33	34
状 辞	条 辞	情 辞	経	減	費	肥 辞	非	得	徳 辞	舎	謝	格	確

□ **35** 父の手**ジュツ**は成功した。
□ **36** 国語の時間に**ジュツ**語を習った。
□ **37** 技能の向上に日々**ツト**める。
□ **38** 結こん式で仲人《なこうど》を**ツト**める。
□ **39** 駅前に**キュウ**急車が止まっている。
□ **40** **キュウ**食係は当番制だ。
□ **41** 時間がなく**テキ**当に答えてしまった。
□ **42** 公**テキ**年金制度を学ぶ。

35	36	37	38	39	40	41	42
術	述 辞	努	務	救	給	適	的

意味をCheck!

4 版画…木版・銅版などで刷った絵のこと。
5 停電…送電が一時的に止まること。また、その結果電灯が消えること。
6 日程…仕事・議事・旅行などの日々の予定。
7 提案…ある考えや案を出すこと。
14 寄付…公共事業や社寺、ボランティア団体などにお金や品物をおくること。
21 賞状…すぐれた行いなどをした人をたたえるためにあたえられる書状。
22 条件…物事が成り立つために必要となるもの。
23 情熱…ある物事に向かって気持ちが燃え立つこと。
27 肥料…畑や田に加えられる植物の成長をうながす栄養物。
30 道徳…人間としてあるいは社会の一員として守らなければならない正しい行い。
36 述語…主語の動作や様子、性質などを説明する語。

頻《ひん》出度 B ランク

書き取り①

目標時間 22分

1回目 ／44

2回目 ／44

● 次の――線のカタカナを漢字になおしなさい。

1 日直からのホウコクを待つ。
2 父は一代でチェーン店をキズいた。
3 両親にカンシャの気持ちを伝える。
4 うら庭で紙のごみをモやす。
5 ビジュツカンは静かな場所だ。
6 市の大会で陸上キョウギ場に行く。
7 好きな色のヌノで服を作る。
8 日本のボウエキについて学ぶ。
9 県ザカイに沿《そ》って国道が走る。
10 退《たい》職を祝う会にショウタイされた。

解答
1 報告
2 築 辞
3 感謝
4 燃
5 美術館
6 競技
7 布
8 貿易
9 境
10 招待 辞

11 リャクズを見ながら目的地に向かう。
12 日本は自動車のユシュツがさかんだ。
13 寺で古いブツゾウを見た。
14 植木ばちをベランダにウツす。
15 友人にチョクセツ会って確かめる。
16 国にゼイキンをおさめる。
17 留学生とコクサイ交流を図る。
18 友人とけんかして身ガマえる。
19 この総合病院にはガンカもある。
20 ナサけは人のためならず

解答
11 略図 辞
12 輸出 辞
13 仏像
14 移
15 直接
16 税金 辞
17 国際
18 構
19 眼科
20 情

□ **21** エンギのうまさで新人賞を取った。
□ **22** 四時間目のジュギョウは音楽です。
□ **23** ソボの家に遊びに行く。
□ **24** 万引きは重大なハンザイだ。
□ **25** 有名なケンチク家になるのが夢だ。
□ **26** ゲイジュツは長く人生は短い
□ **27** デパートのショクドウで昼食をとる。
□ **28** 姉は毎年カフンになやまされる。
□ **29** 祖父のお酒を飲む量がへった。
□ **30** 発車をツげるベルが鳴った。
□ **31** 手をアルコールショウドクして入場する。
□ **32** 大きなチョキン箱にお金を入れる。
□ **33** チョウカンに興味深い記事がのる。
□ **34** 魚の生態に深いチシキを持っている。

21 演技
22 授業
23 祖母
24 犯罪
25 建築
26 芸術
27 食堂
28 花粉
29 減
30 告
31 消毒
32 貯金
33 朝刊
34 知識

□ **35** ジョウケンをつけて実験を行う。
□ **36** 兄は試験にゴウカクした。
□ **37** 家の近くに大きなゾウキ林がある。
□ **38** 親の意見にサカらって家を出た。
□ **39** 日用品のカカクが上がる。
□ **40** アンケートに気軽にオウじる。
□ **41** 家の近くにキュウキュウシャが止まった。
□ **42** 父はショクチュウドクで入院した。
□ **43** スポーツではテニスがトクイだ。
□ **44** 海でおぼれた人がキュウジョされる。

35 条件 辞
36 合格
37 雑木
38 逆
39 価格
40 応 辞
41 救急車
42 食中毒
43 得意
44 救助

意味をCheck!

2 築く…土石などをつき固めて作る。基礎《そ》を固めて作り上げる。
10 招待…客を招いてもてなすこと。
11 略図…細部を省き、大まかな点だけをかいた図。
12 輸出…資源《げん》や工業製品などを海外に売ること。

16 税金…国や都道府県、市町村などが仕事をするために人々から集めるお金。
35 条件…物事が成り立つために必要となるもの。
40 応じる…答える。また、外からの働きかけを受け入れる。

頻《ひん》出度
C
ランク

読み①

目標時間 22分

1回目 ／44

2回目 ／44

● 次の――線の**漢字の読み**を**ひらがな**で答えなさい。

☐ **1** 母の手作りの弁当を持参する。
☐ **2** 幹線道路がやっと開通した。
☐ **3** 再来年、妹が小学校に入学する。
☐ **4** 有益な情報を集める。
☐ **5** 友人は個性的な服が好きだ。
☐ **6** 急いで快速電車に飛び乗った。
☐ **7** 会社の経営に失敗した。
☐ **8** 発売日に新刊本を手にする。
☐ **9** 教育実習生から指導を受ける。
☐ **10** 悪い習慣を直した。

解答

1 べんとう
2 かんせん 辞
3 さらいねん
4 ゆうえき 辞
5 こせいてき
6 かいそく
7 けいえい
8 しんかん
9 しどう
10 しゅうかん 辞

☐ **11** お祭りの準備でいそがしい。
☐ **12** 犯罪のない社会を目指す。
☐ **13** 複雑な心境を明かす。
☐ **14** 手紙の書き方を統一する。
☐ **15** 二つの学校を統合した。
☐ **16** おだやかな毎日を過ごす。
☐ **17** 耕地を借りて野菜づくりを楽しむ。
☐ **18** 鉱石を集めるのがしゅみだ。
☐ **19** 姉は芸能ニュースばかり見ている。
☐ **20** このジャムは酸味が強い。

解答

11 じゅんび
12 はんざい
13 しんきょう
14 とういつ
15 とうごう 辞
16 す
17 こうち
18 こうせき
19 げいのう
20 さんみ

部首名と部首
画数
じゅく語の構成
三字のじゅく語
対義語・類義語
じゅく語作り
音と訓
同じ読みの漢字
書き取り
模擬テスト

☐ 21 外国の教育制度を調べる。
☐ 22 兄は正義感が強い。
☐ 23 大勢の前で校歌を独唱した。
☐ 24 問いただされて複雑な表情をうかべる。
☐ 25 交通事故で道が混んでいる。
☐ 26 パソコンで画像を見る。
☐ 27 中学校までは義務教育だ。
☐ 28 町内会の防災活動に協力する。
☐ 29 損して得取れ
☐ 30 進路について適切な助言を求める。
☐ 31 ケーキを均等に切る。
☐ 32 うれしくて居ても立ってもいられない。
☐ 33 一つの仮説を立てる。
☐ 34 海外旅行の銅貨を持ち帰る。

21 せいど
22 せいぎかん
23 どくしょう 辞
24 ふくざつ
25 じこ
26 がぞう
27 ぎむ
28 ぼうさい
29 そん
30 てきせつ 辞
31 きんとう 辞
32 い
33 かせつ
34 どうか

☐ 35 独特のにおいがする花だ。
☐ 36 本番直前に武者ぶるいが出た。
☐ 37 姉はドイツに留学している。
☐ 38 往来は人通りが多い。
☐ 39 合宿の経費を計算してみよう。
☐ 40 天災は忘れたころにやって来る
☐ 41 必要な個数を準備する。
☐ 42 厚紙を切って工作に使う。
☐ 43 父は日帰りで出張するそうだ。
☐ 44 武士はさむらいともよばれる。

35 どくとく
36 むしゃ
37 りゅうがく
38 おうらい 辞
39 けいひ
40 てんさい
41 こすう
42 あつがみ
43 しゅっちょう
44 ぶし

📖 意味をCheck!

2 幹線…主要な道路や鉄道のこと。
4 有益…利益があること。ためになること。
10 習慣…日常の決まった行い。しきたり。ならわし。
15 統合…二つ以上のものを一つに合わせること。
23 独唱…歌曲を一人で歌うこと。ソロ。
30 適切…よく適合していること。ぴったり当てはまること。
31 均等…平均していること。平等で差がないこと。
38 往来…道路。通り。または、人や車が行き来すること。

頻《ひん》出度
C
ランク

読み②

目標時間 22分

1回目 ／44
2回目 ／44

●次の――線の**漢字の読み**を**ひらがな**で答えなさい。

1 決まり文句でスピーチを終える。
2 馬の耳に念仏
3 細かい説明は省略します。
4 体操《そう》の競技は得意だ。
5 高校野球では金属バットを使う。
6 父は精神的に弱いところがある。
7 複雑な機械を自在にあやつる。
8 弟は人に好かれる性格だ。
9 この小説の設定はわかりにくい。
10 マラソンの折り返し地点を通過する。

解答

1 もんく
2 ねんぶつ
3 しょうりゃく 辞
4 きょうぎ
5 きんぞく
6 せいしん
7 じざい 辞
8 せいかく
9 せってい
10 つうか

11 感情を歌で表現する。
12 わたしの特技はなわとびです。
13 むずかしい語句の意味を調べる。
14 画用紙に子供《ども》の似顔絵をかく。
15 空にうかぶ綿雲をながめる。
16 消費税が上がる前に買いだめをする。
17 もらった賞状を部屋にかざった。
18 中学校の制服を買ってもらった。
19 くじらは、ほ乳《にゅう》類に属する。
20 町の復興に向けて力をつくす。

解答

11 ひょうげん
12 とくぎ
13 ごく
14 にがおえ
15 わたぐも 辞
16 しょうひぜい
17 しょうじょう
18 せいふく
19 ぞく
20 ふっこう

☑ **21** 家のとなりは保育園だ。

☑ **22** 落とし物は一定期間保管される。

☑ **23** 今夜は暴風雨になるだろう。

☑ **24** 読書に夢中で時間をわすれる。

☑ **25** 子供《ども》に留守番をたのんだ。

☑ **26** 土曜日なら手伝うことは可能だ。

☑ **27** 寒くなりそうなので厚着をした。

☑ **28** このミュージカルは二部構成だ。

☑ **29** 物語の情景を思いうかべる。

☑ **30** 将《しょう》来の職業を見すえて学校を選ぶ。

☑ **31** 畑に肥やしをまく。

☑ **32** 自主制作映画を上演する。

☑ **33** 小中学生でチームを編成する。

☑ **34** 野球への情熱を失った。

21 ほいくえん
22 ほかん
23 ぼうふうう
24 むちゅう
25 るすばん
26 かのう
27 あつぎ
28 こうせい
29 じょうけい
30 しょくぎょう
31 こ
32 じょうえん
33 へんせい
34 じょうねつ

☑ **35** つばめは害虫を食べる益鳥だ。

☑ **36** ものもらいになったので眼帯をした。

☑ **37** 合格の基準に達する点数だ。

☑ **38** 記者会見で質問ぜめにあう。

☑ **39** 毒をもって毒を制す

☑ **40** 姉は画家としての素質がある。

☑ **41** けががひどいので輸血をした。

☑ **42** 試験問題は容易に解けた。

☑ **43** 新しい雑誌《し》が刊行された。

☑ **44** シュートの技術をみがく。

35 えきちょう 辞
36 がんたい
37 きじゅん
38 しつもん
39 せい 辞
40 そしつ
41 ゆけつ
42 ようい 辞
43 かんこう 辞
44 ぎじゅつ

意味をCheck!

3 省略…簡単にするために、一部分をはぶくこと。×少略
7 自在…思いどおりであること。意のままであること。
15 綿雲…綿のような形でうかぶ雲。
35 益鳥…作物や樹《じゅ》木の害虫を食べることで、人間の生活に役立つ鳥類のこと。つばめ、むくどりなど。
39 毒をもって毒を制す…悪いことをおさえるために、他の悪いことを利用する。
42 容易…たやすいこと。
43 刊行…本などを印刷して世に出すこと。

頻《ひん》出度 C ランク

読み③

●次の――線の漢字の読みをひらがなで答えなさい。

目標時間 22分

1回目 /44

2回目 /44

☐1 故意にやったわけではない。
☐2 雨で中断した試合が再開される。
☐3 一時停止の標識を見落とす。
☐4 質問に応じた答えをする。
☐5 油断して逆転負けに終わる。
☐6 古民家を改築したレストランだ。
☐7 逆立ちができるようになった。
☐8 長年の夢が実現する。
☐9 ねこに小判
☐10 納税は国民の務めだ。

解答

1 こい 辞
2 さいかい
3 ひょうしき
4 おう
5 ゆだん 辞
6 かいちく
7 さかだ
8 じつげん
9 こばん
10 つと

☐11 低気圧のえいきょうで雨がふる。
☐12 日曜日に美容院に出かける。
☐13 混声合唱団のコーラスを聞く。
☐14 動物の社会にも序列がある。
☐15 この地域《いき》の水道水は良質だ。
☐16 病院で血液検査をする。
☐17 良い弁護士をさがしている。
☐18 液体を容器に取って実験する。
☐19 均整のとれた体つきをしている。
☐20 建築資材をトラックで運ぶ。

解答

11 ていきあつ
12 びよういん
13 こんせい 辞
14 じょれつ 辞
15 りょうしつ
16 けつえき
17 べんごし
18 えきたい
19 きんせい 辞
20 しざい

☐ **21** インフルエンザの予防接種をする。
☐ **22** 絵の具の他の色が混じってしまった。
☐ **23** 観葉植物に支柱を取り付ける。
☐ **24** なるべくミスを減らしなさい。
☐ **25** 自動車の整備士として働く。
☐ **26** 荷物は直接取りに行きます。
☐ **27** 病気に備えて薬を常備する。
☐ **28** 留守番電話の用件を再生する。
☐ **29** 余分に買ってしまうくせがある。
☐ **30** たんぽぽの綿毛が風にゆれる。
☐ **31** みんなの期待に応えたい。
☐ **32** 問題の解決に近道はない。
☐ **33** この家は風通しが良くて快適だ。
☐ **34** 動物園の飼育員になることが夢です。

21 よぼう 辞
22 ま
23 しちゅう
24 へ
25 せいび
26 ちょくせつ
27 じょうび
28 ようけん 辞
29 よぶん
30 わたげ 辞
31 こた
32 かいけつ
33 かいてき
34 しいく

☐ **35** いざというときの心構えはできている。
☐ **36** 人工知能のしくみを学ぶ。
☐ **37** 牛乳は適温に温められている。
☐ **38** サッカーで手を使うのは反則だ。
☐ **39** 日本製品の品質は高い。
☐ **40** アイドルになるという妹の意志は固い。
☐ **41** 店への移動に車を利用する。
☐ **42** 近年は子供《ども》の数が減少している。
☐ **43** 年月を経て分かることがある。
☐ **44** からすの性質を知りたい。

35 こころがま
36 ちのう
37 てきおん 辞
38 はんそく
39 ひんしつ
40 いし
41 いどう
42 げんしょう
43 へ
44 せいしつ

意味をCheck!

1 故意…意図的にたくらむこと。わざと。
5 油断…気を許すこと。不注意。
13 混声…男声と女声とを合わせて歌うこと。
14 序列…順序。順を追ってならぶこと。
19 均整…つりあい。

21 予防…病気やその他の悪いことをあらかじめ防ぐこと。
28 用件…やるべき仕事。あるいは相手に伝えるべきこと。
30 綿毛…綿のようにやわらかい毛。
37 適温…ちょうど良い温度のこと。

頻《ひん》出度
C
ランク

読み④

目標時間 22分

1回目 ／44

2回目 ／44

●次の——線の**漢字の読み**を**ひらがな**で答えなさい。

1 この薬の適量を教えてください。
2 この映画《えい》の内容を人に伝えた。
3 男女の比率が女性にかたよっている。
4 おどろくべき事件が報道された。
5 大会で銅メダルをかく得する。
6 町で旧友にぐう然出会った。
7 兄は個性的な人だ。
8 家で洗える毛布をこう入する。
9 実際にあったこわい話を聞いた。
10 次のドラマの出演者が発表された。

解答

1 てきりょう 辞
2 ないよう
3 ひりつ
4 ほうどう
5 どう
6 きゅうゆう 辞
7 こせい
8 もうふ
9 じっさい
10 しゅつえん

11 祖父はかつて政治家だった。
12 粉ミルクをとかして飲む。
13 電車は次の駅で急行に接続する。
14 母は日本中の駅弁を食べ歩いた。
15 目が痛くて眼科に行った。
16 気分が悪くなった人を救護した。
17 医者から血圧が高いと言われた。
18 先生の指示にしたがう。
19 六月にはアユつりが解禁された。
20 成功したのは君の功績だ。

解答

11 せいじか
12 こな
13 せつぞく
14 えきべん
15 がんか
16 きゅうご
17 けつあつ
18 しじ
19 かいきん 辞
20 こうせき 辞

部首と部首名

画数

じゅく語の構成

三字のじゅく語

対義語・類義語

じゅく語作り

音と訓

同じ読みの漢字

書き取り

模擬テスト

21 決まりきった応答に終始する。
22 術後の経過を見守る。
23 家庭菜園を借りて耕作する。
24 防犯カメラを設置する。
25 いなかでこん虫採集をした。
26 車はガソリンを燃料にして走る。
27 在校生を代表してスピーチする。
28 大切な書類が破れてしまった。
29 複数の人がけんかを目げきしている。
30 台風の暴風域(いき)に入る。
31 決勝はおしくも判定負けだった。
32 外国との貿易を行う。
33 努力が実って成績が上がる。
34 布を裁(た)ち、洋服を仕立てる。

21 おうとう
22 けいか
23 こうさく
24 せっち
25 さいしゅう
26 ねんりょう 辞
27 ざいこうせい 辞
28 やぶ
29 ふくすう
30 ぼうふう
31 はんてい
32 ぼうえき 辞
33 せいせき
34 ぬ

35 家では祖母が留守を預(あず)かっている。
36 複写機とはコピー機のことだ。
37 仏像の顔はおだやかだった。
38 今年の米は豊作だった。
39 陸上競技会で新記録を出した。
40 冬は厚手のシーツにかえる。
41 キャンプでたきぎを燃やした。
42 スーパーが特売のチラシを配布する。
43 自然災害は保険の対象外だ。
44 夢は飛行士になることだ。

35 るす 辞
36 ふくしゃ 辞
37 ぶつぞう
38 ほうさく 辞
39 きょうぎかい
40 あつで
41 も
42 はいふ
43 たいしょう
44 ひこうし

意味をCheck!

1 適量…ふさわしい量。
6 旧友…古くからの友達。
19 解禁…制限などを解くこと。
20 功績…すばらしい腕前を発揮すること。
24 設置…もうけおくこと。施設や機関などをもうけること。
27 在校生…学校にせきを置いてい

る児童・生徒。
32 貿易…外国との間で品物を売り買いすること。
35 留守…外出して家にいないこと。
36 複写…同一のものを二まい以上写すこと。
38 豊作…作物がよく実ること。

頻《ひん》出度
C
ランク

読み⑤

●次の——線の漢字の読みをひらがなで答えなさい。

目標時間 22分

1回目 ／44

2回目 ／44

1 学校の社会見学で国会議事堂に行く。
2 小麦粉でホットケーキを作る。
3 植物園で季節の花を観賞する。
4 高性能の小型カメラを買う。
5 父は広告代理店で働いている。
6 駅の売店で夕刊を買う。
7 体育は苦手だが球技は好きだ。
8 大雨で三時間停電した。
9 くじらが海面からすがたを現した。
10 家族旅行の費用を見積もる。

解答

1 ぎじどう 辞
2 こむぎこ
3 かんしょう
4 こがた
5 こうこく
6 ゆうかん
7 きゅうぎ
8 ていでん
9 あらわ
10 ひよう

11 太平洋を航海する夢を見た。
12 新しいワクチンを接種した。
13 時間調整で駅に五分間停車する。
14 有意義な休日を過ごす。
15 農薬を使って害虫を殺す。
16 当選した賞品を受け取る。
17 救命具を身につけてボートに乗る。
18 子犬が産まれて大喜びする。
19 音楽祭で公会堂は満員だ。
20 高価な宝《ほう》石を身に着ける。

解答

11 こうかい 辞
12 せっしゅ
13 ていしゃ
14 ゆういぎ 辞
15 ころ
16 しょうひん
17 きゅうめいぐ
18 おおよろこ
19 こうかいどう 辞
20 こうか

□ 21 歴代の総理大臣の名前を覚える。
□ 22 コンテストの受賞作品を見学する。
□ 23 野菜の栄養価を調べる。
□ 24 新しい認《にん》証機能を利用する。
□ 25 全員で作業工程を確認する。
□ 26 団結して困難《こんなん》を乗りこえる。
□ 27 朝刊配達のアルバイトをする。
□ 28 友人と美術館をおとずれる。
□ 29 平均台の上をゆっくり歩く。
□ 30 全国の運河をめぐる。
□ 31 慣用句を使った文を作る。
□ 32 大型のクルーズ船が寄港した。
□ 33 酸素を発生させる実験を行う。
□ 34 織物のさかんな町で生まれた。

21 れきだい
22 じゅしょう
23 えいようか
24 きのう
25 こうてい 辞
26 だんけつ
27 ちょうかん
28 びじゅつかん
29 へいきんだい
30 うんが 辞
31 かんようく 辞
32 きこう
33 さんそ
34 おりもの

□ 35 長編小説を読み終えた。
□ 36 重要な役割《わり》を任された。
□ 37 データを永久に保存する。
□ 38 ゴールを目指して快走する。
□ 39 きょうりゅうは実在したといわれる。
□ 40 祖母は料理の達人だ。
□ 41 表情を豊かにするトレーニングを行う。
□ 42 熱帯に分布する植物を見つける。
□ 43 学校の保護者会に参加する。
□ 44 積極的に再生紙を利用する。

35 ちょうへん
36 まか
37 えいきゅう
38 かいそう
39 じつざい
40 そぼ
41 ひょうじょう
42 ぶんぷ 辞
43 ほごしゃ
44 さいせいし

意味をCheck!

1 国会議事堂…日本の国会が開かれる場所のこと。
11 航海…船に乗って海をわたること。
14 有意義…物事を行ったりする意味があること。
19 公会堂…様々な人々が集まることができる場所のこと。

25 工程…作業の手順。進行ぐあい。
30 運河…物を運ぶために作られた川のこと。
31 慣用句…複数の単語で構成された表現で、全体で特定の意味を表すもの。
42 分布…あるはんいのあちこちに広がって存在すること。

頻《ひん》出度 C ランク

部首名と部首①

目標時間 26分

1回目 ／52

2回目 ／52

● 次の漢字の**部首名**と**部首**を答えなさい。**部首名**は、後の□から選んで**記号**で答えなさい。

〈例〉花・茶　部首名（コ）　部首［艹］

漢字	部首名	部首
演・液	（1）	［2］
性・快	（3）	［4］
関・開	（5）	［6］
婦・始	（7）	［8］
留・畑	（9）	［10］

ア さんずい　**イ** もんがまえ　**ウ** りっしんべん　**エ** た　**オ** おんなへん

解答

部首名	部首
1 ア	2 氵
3 ウ	4 忄
5 イ	6 門
7 オ	8 女
9 エ	10 田

漢字	部首名	部首
佃・仏	（11）	［12］
貯・財	（13）	［14］
防・隊	（15）	［16］
局・屋	（17）	［18］
衛・街	（19）	［20］

ア かばね・しかばね　**イ** かいへん　**ウ** こざとへん　**エ** にんべん　**オ** ぎょうがまえ・ゆきがまえ

解答

部首名	部首
11 エ	12 亻
13 イ	14 貝
15 ウ	16 阝
17 ア	18 尸
19 オ	20 行

部首名と部首
画数
じゅく語の構成
三字のじゅく語
対義語・類義語
じゅく語作り
音と訓
同じ読みの漢字
書き取り
模擬テスト

部首名・部首

問題	部首名	部首
銅・鉱	(21)	[22]
績・綿	(23)	[24]
願・類	(25)	[26]
潔・測	(27)	[28]
検・格	(29)	[30]
師・席	(31)	[32]
慣・情	(33)	[34]
評・証	(35)	[36]

ア ごんべん　イ りっしんべん　ウ はば　エ おおがい　オ かねへん　カ いとへん　キ きへん　ク さんずい

	部首名	部首
21	オ	
22		金
23	カ	
24		糸
25	エ	
26		頁
27	ク	
28		氵
29	キ	
30		木
31	ウ	
32		巾
33	イ	
34		忄
35	ア	
36		言

問題	部首名	部首
輪・輸	(37)	[38]
条・査	(39)	[40]
接・損	(41)	[42]
周・器	(43)	[44]
個・件	(45)	[46]
選・連	(47)	[48]
謝・護	(49)	[50]
責・質	(51)	[52]

ア き　イ しんにょう・しんにゅう　ウ にんべん　エ くるまへん　オ てへん　カ ごんべん　キ くち　ク かい・こがい

	部首名	部首
37	エ	
38		車
39	ア	
40		木
41	オ	
42		扌
43	キ	
44		口
45	ウ	
46		亻
47	イ	
48		辶
49	カ	
50		言
51	ク	
52		貝

頻《ひん》出度

C ランク

画数①

●次の漢字の**太い画**のところは**筆順の何画目**か、また**総画数は何画**か、**算用数字**（1、2、3…）で答えなさい。

目標時間 28分

1回目 /56

2回目 /56

	慣	破	酸	状	備	可
何画目	（1）	（3）	（5）	（7）	（9）	（11）
総画数	［2］	［4］	［6］	［8］	［10］	［12］

解答

	1	3	5	7	9	11
何画目	7	6	7	2	6	2

	2	4	6	8	10	12
総画数	14	10	14	7	12	5

	非	断	布	基	講	罪
何画目	（13）	（15）	（17）	（19）	（21）	（23）
総画数	［14］	［16］	［18］	［20］	［22］	［24］

解答

	13	15	17	19	21	23
何画目	5	3	1	6	10	11

	14	16	18	20	22	24
総画数	8	11	5	11	17	13

	毒	犯	版	提	断	職	似	属
何画目	（39）	（37）	（35）	（33）	（31）	（29）	（27）	（25）
総画数	［40］	［38］	［36］	［34］	［32］	［30］	［28］	［26］

何画目	39 7	37 1	35 3	33 2	31 6	29 11	27 6	25 8
総画数	40 8	38 5	36 8	34 12	32 11	30 18	28 7	26 12

	因	殺	肥	版	製	歴	余	雑
何画目	（55）	（53）	（51）	（49）	（47）	（45）	（43）	（41）
総画数	［56］	［54］	［52］	［50］	［48］	［46］	［44］	［42］

何画目	55 3	53 8	51 6	49 1	47 11	45 2	43 4	41 11
総画数	56 6	54 10	52 8	50 8	48 14	46 14	44 7	42 14

頻《ひん》出度
C
ランク

じゅく語の構成①

目標時間 18分

1回目 ／36

2回目 ／36

●漢字を二字組み合わせたじゅく語では、二つの漢字の間に意味の上で、次のような関係があります。

ア 反対や対《つい》になる意味の字を組み合わせたもの。（例…**上下**）

イ 同じような意味の字を組み合わせたもの。（例…**森林**）

ウ 上の字が下の字の意味を説明（修飾《しょく》）しているもの。（例…**海水**）

エ 下の字から上の字へ返って読むと意味がよくわかるもの。（例…**消火**）

次の**じゅく語**は、右のア〜エのどれにあたるか、**記号**で答えなさい。

□ **1** 天地

□ **2** 親友

□ **3** 開会

□ **4** 営業

□ **5** 罪人

□ **6** 競争

解答と解説

1 ア（てんち） 天（空）↕地（面）

2 ウ（しんゆう） 親（しい）↓友

3 エ（かいかい） 開（く）↑会（を）

4 エ（えいぎょう） 営（む）↑業（務を）

5 ウ（ざいにん） 罪（をおかした）↓人

6 イ（きょうそう） どちらも「あらそう」の意味

□ **7** 飼育

□ **8** 長短

□ **9** 防水

□ **10** 防音

□ **11** 検査

□ **12** 再会

解答と解説

7 イ（しいく） どちらも「そだてる」の意味

8 ア（ちょうたん） 長（い）↕短（い）

9 エ（ぼうすい） 防（ぐ）↑水（を）

10 エ（ぼうおん） 防（ぐ）↑音（を）

11 イ（けんさ） どちらも「しらべる」の意味

12 ウ（さいかい） 再（び）↓会（う）

□13 規則
□14 在学
□15 快晴
□16 岩石
□17 改心
□18 挙手
□19 海底
□20 国旗

13 イ（きそく）
どちらも「手本・おきて」の意味

14 エ（ざいがく）
在（る）↑学（校に）

15 ウ（かいせい）
快（い）↓晴（れ）

16 イ（がんせき）
どちらも「いし」の意味

17 エ（かいしん）
改（める）↑心（を）

18 エ（きょしゅ）
挙（げる）↑手（を）

19 ウ（かいてい）
海（の）↓底

20 ウ（こっき）
国（の）↓旗

□21 眼科
□22 包囲
□23 製本
□24 防犯
□25 利益
□26 圧力
□27 仏像
□28 税金

21 ウ（がんか）
眼（を専門とする）↓科

22 イ（ほうい）
どちらも「かこむ」の意味

23 エ（せいほん）
製（作する）↑本（を）

24 エ（ぼうはん）
防（ぐ）↑犯（罪を）

25 イ（りえき）
どちらも「もうけ」の意味

26 ウ（あつりょく）
圧（ぱくする）↓力

27 ウ（ぶつぞう）
仏（の）↓像

28 ウ（ぜいきん）
税（の）↓金

□29 建築
□30 右折
□31 指示
□32 指名
□33 室内
□34 悲喜
□35 美談
□36 着席

29 イ（けんちく）
どちらも「たてる」の意味

30 ウ（うせつ）
右（に）↓折（れる）

31 イ（しじ）
どちらも「しめす」の意味

32 エ（しめい）
指（す）↑名（前を）

33 ウ（しつない）
室（部屋の）↓内（側）

34 ア（ひき）
悲（しみ）↕喜（び）

35 ウ（びだん）
美（しい）↓談（はなし）

36 エ（ちゃくせき）
着（く）↑席（に）

頻《ひん》出度 C ランク

じゅく語の構成②

目標時間 18分

1回目 /36

2回目 /36

● 漢字を二字組み合わせたじゅく語では、二つの漢字の間に意味の上で、次のような関係があります。

ア 反対や対《つい》になる意味の字を組み合わせたもの。（例…上下）

イ 同じような意味の字を組み合わせたもの。（例…森林）

ウ 上の字が下の字の意味を説明（修飾《しょく》）しているもの。（例…海水）

エ 下の字から上の字へ返って読むと意味がよくわかるもの。（例…消火）

次の**じゅく語**は、右のア～エのどれにあたるか、**記号**で答えなさい。

1 悪夢

2 新刊

3 増加

4 人情

5 断熱

6 銅線

解答と解説

1 ウ（あくむ）悪（い）⬇夢

2 ウ（しんかん）新（しい）⬇刊（行物）

3 イ（ぞうか）どちらも「たす」の意味

4 ウ（にんじょう）人（の）⬇情（け）

5 エ（だんねつ）断（つ）⬆熱（を）

6 ウ（どうせん）銅（でできた）⬇線

7 鉱山

8 改札

9 希望

10 帰国

11 言語

12 得失

解答と解説

7 ウ（こうざん）鉱（石の）⬇山

8 エ（かいさつ）改（める）⬆札（を）

9 イ（きぼう）どちらも「ねがう」の意味

10 エ（きこく）帰（る）⬆国（に）

11 イ（げんご）どちらも「ことば」の意味

12 ア（とくしつ）得（る）⬍失（う）

☐ 13 塩味
☐ 14 加速
☐ 15 急病
☐ 16 決心
☐ 17 終業
☐ 18 球技
☐ 19 個性
☐ 20 再開

13 ウ（しおあじ）
塩（の）⬇味

14 エ（かそく）
加（える）⬆速（度を）

15 ウ（きゅうびょう）
急（な）⬇病（気）

16 エ（けっしん）
決（める）⬆心（を）

17 エ（しゅうぎょう）
終（わる）⬆業（務が）

18 ウ（きゅうぎ）
球（を使った）⬇（競）技

19 ウ（こせい）
個（々の）⬇性（格）

20 ウ（さいかい）
再（び）⬇開（く）

☐ 21 新築
☐ 22 和洋
☐ 23 基地
☐ 24 血管
☐ 25 帰港
☐ 26 減税
☐ 27 在室
☐ 28 修学

21 ウ（しんちく）
新（しい）⬇（建）築（物）

22 ア（わよう）
和（式）⬍洋（式）

23 ウ（きち）
基（本の）⬇地

24 ウ（けっかん）
血（の）⬇管

25 エ（きこう）
帰（る）⬆港（に）

26 エ（げんぜい）
減（る）⬆税（が）

27 エ（ざいしつ）
在（る）⬆室（内に）

28 エ（しゅうがく）
修（める）⬆学（業を）

☐ 29 包囲
☐ 30 救助
☐ 31 旧式
☐ 32 停止
☐ 33 勝因
☐ 34 絶食
☐ 35 損得
☐ 36 氷河

29 イ（ほうい）
どちらも「つつむ」の意味。

30 イ（きゅうじょ）
どちらも「たすける」の意味。

31 ウ（きゅうしき）
旧（ふるい）⬇（形）式

32 イ（ていし）
どちらも「とまる」の意味。

33 ウ（しょういん）
勝（った）⬇（要）因

34 エ（ぜっしょく）
絶（やめる）⬆食（べることを）

35 ア（そんとく）
損（そこなう）⬍得（手に入れる）

36 ウ（ひょうが）
氷（の）⬇河

頻《ひん》出度

C ランク

三字のじゅく語①

目標時間 32分

1回目 ／64

2回目 ／64

● 次の**カタカナ**を**漢字**になおし、**一字だけ**答えなさい。

☐ 1 **キュウ**急車
☐ 2 利用**リツ**
☐ 3 衣食**ジュウ**
☐ 4 塩加**ゲン**
☐ 5 運転**シ**
☐ 6 可能**セイ**
☐ 7 最大**ゲン**
☐ 8 **セッ**計図

1 救　2 率　3 住 辞　4 減　5 士　6 性　7 限　8 設

☐ 9 事**ム**所
☐ 10 **サン**性雨
☐ 11 不信**ニン**
☐ 12 大**サイ**害
☐ 13 調**サ**官
☐ 14 平**キン**台
☐ 15 大統**リョウ**
☐ 16 組**シキ**的

9 務　10 酸　11 任 辞　12 災　13 査　14 均　15 領 辞　16 織

☐ 17 **ギャク**効果
☐ 18 観**ソク**船
☐ 19 血**アツ**計
☐ 20 **コ**性的
☐ 21 **ドク**立国
☐ 22 **ユ**出品
☐ 23 検**サ**官
☐ 24 不**カイ**感

17 逆 辞　18 測　19 圧　20 個　21 独　22 輸　23 査　24 快

☐ 25 指**ドウ**者
☐ 26 **セイ**米所
☐ 27 消化**エキ**
☐ 28 想**ゾウ**力
☐ 29 能**リツ**的
☐ 30 **ゼッ**好調
☐ 31 年賀**ジョウ**
☐ 32 **コウ**空機

25 導 辞　26 精　27 液 辞　28 像　29 率 辞　30 絶　31 状　32 航

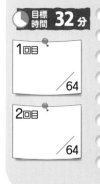

番号	問題	答え
□ 33	メン織物	33 綿
□ 34	旧校シャ	34 舎
□ 35	エイ久的	35 永
□ 36	サイ開発	36 再 辞
□ 37	応セツ室	37 接
□ 38	ギャク方向	38 逆
□ 39	表ゲン力	39 現
□ 40	セイ度化	40 制
□ 41	講エン会	41 演 辞
□ 42	事ム員	42 務
□ 43	直ユ入	43 輸

番号	問題	答え
□ 44	感謝ジョウ	44 状
□ 45	ギャク光線	45 逆 辞
□ 46	サイ害地	46 災
□ 47	事ム室	47 務
□ 48	大セツ戦	48 接
□ 49	セイ神的	49 精
□ 50	低価カク	50 格
□ 51	リュウ学生	51 留 辞
□ 52	個セイ的	52 性
□ 53	直セツ的	53 接
□ 54	不サイ用	54 採

番号	問題	答え
□ 55	好条ケン	55 件
□ 56	消ボウ車	56 防
□ 57	最新ガタ	57 型
□ 58	不テキ当	58 適
□ 59	弁ゴ士	59 護

番号	問題	答え
□ 60	ル守番	60 留
□ 61	チョ水池	61 貯 辞
□ 62	不規ソク	62 則 辞
□ 63	貿エキ港	63 易 辞
□ 64	消ヒ税	64 費

意味をCheck!

3 衣食住…着るもの、食べるもの、住むところ。生活になくてはならないもの。

11 信任…その人を信じて仕事や役目を任せること。

15 大統領…共和国などの国家の元首。本来は組織の長をあらわす。

17 逆効果…思ったものとは反対の効果。

25 指導者…教え導く人のこと。人々を指導する者。

27 消化液…食べた食物を消化する体液。

29 能率的…むだなく物事がはかどるさま。

33 綿織物…綿を素材にした織物。

36 再開発…すでに開発されたものに手を加えて開発したもの。

41 講演会…大勢の人の前で定められたテーマで話をする会。

45 逆光線…対象の背後から照らす光線。逆光。

51 留学生…外国で学術・技芸を研究・習得する学生。

61 貯水池…発電や治水などに利用するため水をためておく人工の池。

62 不規則…規則的ではないこと。

63 貿易港…外国と品物を売り買いすることが行われている港。

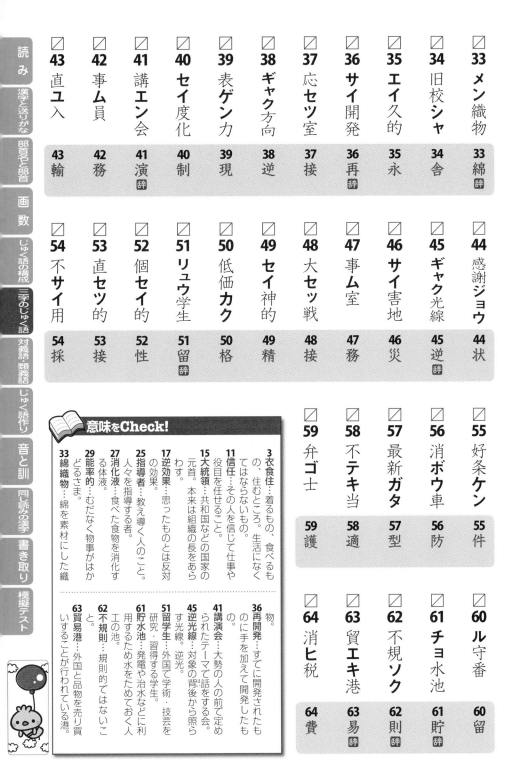

頻《ひん》出度
C
ランク

対義語・類義語①

●次の**1** **2**それぞれの後の□の中のひらがなを漢字になおして、**対義語**（意味が反対や対《つい》になることば）と、**類義語**（意味がよくにたことば）を答えなさい。□の中のひらがなは**一度だけ**使い、**漢字一字**を答えなさい。

目標時間 11分

1回目 /22

2回目 /22

1 対義語

☐連続―中（1）
☐現実―理（2）
☐団体―（3）人
☐理性―感（4）
☐増税―（5）税

げん　こ　じょう
そう　だん

類義語

☐短所―（6）点
☐赤字―（7）失
☐転業―転（8）
☐目的―目（9）
☐保健―（10）生

えい　けっ　しょく
そん　ひょう

解答

1 連続《れんぞく》―中断《ちゅうだん》
2 現実《げんじつ》―理想《りそう》
3 団体《だんたい》―個人《こじん》
4 理性《りせい》―感情《かんじょう》
5 増税《ぞうぜい》―減税《げんぜい》
6 短所《たんしょ》―欠点《けってん》
7 赤字《あかじ》―損失《そんしつ》
8 転業《てんぎょう》―転職《てんしょく》 辞
9 目的《もくてき》―目標《もくひょう》
10 保健《ほけん》―衛生《えいせい》 辞

読み
漢字と送りがな
部首と部首名
画数
じゅく語の構成
三字のじゅく語
対義語・類義語
じゅく語作り
音と訓
同じ読みの漢字
書き取り
模擬テスト

2

対義語

- 求人—求（ 11 ）
- 過度—（ 12 ）度
- 熱湯—（ 13 ）水
- 減産—（ 14 ）産
- 支線—（ 15 ）線
- 自由—強（ 16 ）

かん　しょく　せい
ぞう　てき　れい

類義語

- 農地—（ 17 ）地
- 特別—（ 18 ）別
- 事実—実（ 19 ）
- 応対—応（ 20 ）
- 説明—（ 21 ）説
- 向上—（ 22 ）歩

かい　かく　こう
さい　しん　せつ

意味を Check!

8 転業…職業や営業内容を変えること。

10 衛生…健康の保全・増進をはかり、病気の予防・治りょうに努めること。

12 適度…ほど良いこと。

15 幹線…鉄道や道路など主要な道筋となる線。

17 耕地…作物を耕作する土地、田畑。

18 格別…格段の差があること。特別。とりわけ。

20 応対…相手になって受け答えをすること。

22 向上…よりよい方向に進むこと。より優れた状態になること。

11 求人—求職 きゅうじん／きゅうしょく
12 過度—適度 かど／てきど　辞
13 熱湯—冷水 ねっとう／れいすい
14 減産—増産 げんさん／ぞうさん
15 支線—幹線 しせん／かんせん　辞
16 自由—強制 じゆう／きょうせい
17 農地—耕地 のうち／こうち　辞
18 特別—格別 とくべつ／かくべつ　辞
19 事実—実際 じじつ／じっさい
20 応対—応接 おうたい／おうせつ　辞
21 説明—解説 せつめい／かいせつ
22 向上—進歩 こうじょう／しんぽ　辞

頻《ひん》出度
C
ランク

対義語・類義語②

目標時間 11分

1回目 /22

2回目 /22

●次の**1** **2**それぞれの後の□の中のひらがなを漢字になおして、**対義語**（意味が反対や対《つい》になることば）と、**類義語**（意味がよくにたことば）を答えなさい。□の中のひらがなは**一度だけ**使い、**漢字一字**を答えなさい。

1

対義語

- ☑未来―（1）在
- ☑復路―（2）路
- ☑切断―（3）続
- ☑決定―保（4）
- ☑不作―（5）作

おう　げん　せつ
ほう　りゅう

類義語

- ☑付近―（6）辺
- ☑志望―志（7）
- ☑格別―（8）別
- ☑定住―（9）住
- ☑義務―（10）務

えい　がん　しゅう
せき　とく

解答

1 未来《みらい》―現在《げんざい》

2 復路《ふくろ》 辞 ―往路《おうろ》 辞

3 切断《せつだん》―接続《せつぞく》

4 決定《けってい》―保留《ほりゅう》

5 不作《ふさく》―豊作《ほうさく》

6 付近《ふきん》―周辺《しゅうへん》

7 志望《しぼう》―志願《しがん》

8 格別《かくべつ》 辞 ―特別《とくべつ》

9 定住《ていじゅう》 辞 ―永住《えいじゅう》 辞

10 義務《ぎむ》―責務《せきむ》 辞

2

対義語

☐ 固定―（**11**）動
☐ 活動―休（**12**）
☐ 害虫―（**13**）虫
☐ 複数―（**14**）数
☐ 不便―便（**15**）
☐ 寒帯―（**16**）帯

い　えき　たん　ねっ　よう　り

類義語

☐ 愛護―（**17**）護
☐ 辞職―辞（**18**）
☐ 進歩―発（**19**）
☐ 案内―先（**20**）
☐ 母国―（**21**）国
☐ 性格―性（**22**）

しっ　そ　たつ　どう　にん　ほ

11 固定《こてい》―移動《いどう》
12 活動《かつどう》―休養《きゅうよう》
13 害虫《がいちゅう》―益虫《えきちゅう》 辞
14 複数《ふくすう》―単数《たんすう》
15 不便《ふべん》―便利《べんり》
16 寒帯《かんたい》―熱帯《ねったい》
17 愛護《あいご》―保護《ほご》 辞
18 辞職《じしょく》―辞任《じにん》
19 進歩《しんぽ》―発達《はったつ》
20 案内《あんない》―先導《せんどう》 辞
21 母国《ぼこく》―祖国《そこく》
22 性格《せいかく》―性質《せいしつ》

意味をCheck!

2 復路…帰りの道。
2 往路…行きの道。
8 格別…格段《だん》の差があること。特別。とりわけ。

9 定住…一定の場所に住居を定めて住むこと。
9 永住…死ぬまでその土地に住むこと。

10 責務…責任と義務。また、責任として果たすべきつとめ。
13 益虫…害虫をとらえて食べたり、受粉を助けるなど、間接的に人間生活に利益を与える虫。

17 愛護…かわいがって、守ること。
20 先導…先に進んで道案内をすること。

頻《ひん》出度 C ランク

対義語・類義語③

目標時間 11分

1回目 ／22

2回目 ／22

● 次の **1** **2** それぞれの後の□の中のひらがなを漢字になおして、**対義語**（意味が反対や対《つい》になることば）と、**類義語**（意味がよくにたことば）を答えなさい。□の中のひらがなは**一度だけ**使い、**漢字一字**を答えなさい。

1

対義語

☐ 入学—（1）業

☐ 連続—（2）続

☐ 有毒—（3）毒

☐ 期待—失（4）

☐ 移動—（5）定

こ　そつ　だん　ぼう　む

類義語

☐ 社員—（6）員

☐ 活発—（7）活

☐ 予想—予（8）

☐ 発行—発（9）

☐ 日常—平（10）

かい　かん　しょく　そ　そく

解答

1 入学《にゅうがく》—卒業《そつぎょう》

2 連続《れんぞく》—断続《だんぞく》 辞

3 有毒《ゆうどく》—無毒《むどく》

4 期待《きたい》—失望《しつぼう》 辞

5 移動《いどう》—固定《こてい》

6 社員《しゃいん》—職員《しょくいん》

7 活発《かっぱつ》—快活《かいかつ》

8 予想《よそう》—予測《よそく》 辞

9 発行《はっこう》—発刊《はっかん》

10 日常《にちじょう》—平素《へいそ》 辞

2 対義語

□加速―(11)速
□減量―(12)量
□安心―心(13)
□勝利―(14)北
□最高―最(15)
□精神―物(16)

げん　ぞう　しつ
てい　はい　ぱい

類義語

□規約―規(17)
□許容―許(18)
□決定―(19)定
□青葉―新(20)
□首都―首(21)
□功労―功(22)

か　かく　せき
そく　ふ　りょく

11 加速《かそく》―減速《げんそく》
12 減量《げんりょう》―増量《ぞうりょう》
13 安心《あんしん》―心配《しんぱい》
14 勝利《しょうり》―敗北《はいぼく》
15 最高《さいこう》―最低《さいてい》
16 精神《せいしん》―物質《ぶっしつ》
17 規約《きやく》―規則《きそく》 辞
18 許容《きょよう》―許可《きょか》
19 決定《けってい》―確定《かくてい》
20 青葉《あおば》―新緑《しんりょく》 辞
21 首都《しゅと》―首府《しゅふ》 辞
22 功労《こうろう》―功績《こうせき》 辞

意味をCheck!

2 断続…とぎれながらも続くこと。
4 失望…望みを失うこと。当てが外れて、がっかりすること。

8 予測…将《しょう》来の出来事やありさまをあらかじめ推《すい》測すること。前もっておしはかること。
10 日常…つね日ごろ。ふだん。平生。

17 規則…決まり。おきて。定め。
20 新緑…初夏のころの若葉のあざやかな緑のこと。

21 首府…国の政府がある都市。
22 功績…すばらしいうで前を発揮《き》すること。

頻《ひん》出度
C
ランク

対義語・類義語④

目標時間 11分

1回目 /22

2回目 /22

●次の**1** **2**それぞれの後の□の中のひらがなを漢字になおして、**対義語**（意味が反対や対《つい》になることば）と、**類義語**（意味がよくにたことば）を答えなさい。□の中のひらがなは**一度だけ**使い、**漢字一字**を答えなさい。

1

対義語

☑白昼―（1）夜
☑増量―（2）量
☑集合―解（3）
☑減額―（4）額
☑完勝―完（5）

げん　さん　しん
ぞう　ぱい

類義語

☑志願―志（6）
☑内職―（7）業
☑特有―（8）特
☑接待―（9）接
☑苦情―文（10）

おう　く　どく
ふく　ぼう

解答

1 白昼《はくちゅう》―深夜《しんや》 辞
2 増量《ぞうりょう》―減量《げんりょう》
3 集合《しゅうごう》―解散《かいさん》
4 減額《げんがく》―増額《ぞうがく》
5 完勝《かんしょう》―完敗《かんぱい》
6 志願《しがん》―志望《しぼう》 辞 辞
7 内職《ないしょく》―副業《ふくぎょう》
8 特有《とくゆう》―独特《どくとく》 辞
9 接待《せったい》―応接《おうせつ》 辞
10 苦情《くじょう》―文句《もんく》

2 対義語

☐ 完敗―（11）勝
☐ 修理―（12）損
☐ 敗北―勝（13）
☐ 未定―（14）定
☐ 失敗―成（15）
☐ 増産―（16）産

あっ　かく　げん　こう　は　り

類義語

☐ 入選―入（17）
☐ 財産―（18）産
☐ 自力―（19）力
☐ 残金―残（20）
☐ 辞任―辞（21）
☐ 地味―質（22）

がく　し　しょう　しょく　そ　どく

11 完敗《かんぱい》―圧勝《あっしょう》 辞
12 修理《しゅうり》―破損《はそん》
13 敗北《はいぼく》―勝利《しょうり》
14 未定《みてい》―確定《かくてい》 辞
15 失敗《しっぱい》―成功《せいこう》
16 増産《ぞうさん》―減産《げんさん》
17 入選《にゅうせん》―入賞《にゅうしょう》
18 財産《ざいさん》―資産《しさん》 辞
19 自力《じりき》―独力《どくりょく》
20 残金《ざんきん》―残額《ざんがく》
21 辞任《じにん》―辞職《じしょく》
22 地味《じみ》―質素《しっそ》 辞

意味をCheck!

1 白昼…日中。真昼。
6 志願…こころざしねがうこと。ある事を望み、ねがい出ること。
6 志望…自分はこうしたい、こうなりたいとのぞむこと。

8 特有…ある物だけが特別に持っているもののこと。
9 応接…訪問者の相手をすること。

11 圧勝…圧倒《とう》的に勝つこと。
14 未定…まだ決まっていないこと。

18 財産…個人または団体の所有する土地や建物、金銭《せん》、有価証券などの総称《しょう》。
22 質素…飾《かざ》りけのないこと。

じゅく語作り①

頻出度 **C** ランク

● 次の**1**〜**4**について、上の読みの漢字を□の中から選び、（　）にあてはめて**じゅく語**を作りなさい。答えは**記号**で答えなさい。

1

サン	カイ
（1）成	理（4）
（2）性	（5）速
生（3）	（6）良

ア 賛　イ 界　ウ 快　エ 散　オ 開　カ 改
キ 産　ク 酸　ケ 解　コ 算　サ 参　シ 回

解答

1 ア（賛成 さんせい）辞
2 ク（酸性 さんせい）
3 キ（生産 せいさん）辞
4 ケ（理解 りかい）
5 ウ（快速 かいそく）
6 カ（改良 かいりょう）辞

2

イ	キュウ
包（7）	（10）助
（8）上	永（11）
（9）動	追（12）

ア 衣　イ 囲　ウ 球　エ 救　オ 旧　カ 移
キ 意　ク 以　ケ 宮　コ 委　サ 久　シ 求

解答

7 イ（包囲 ほうい）
8 ク（以上 いじょう）
9 カ（移動 いどう）
10 エ（救助 きゅうじょ）
11 サ（永久 えいきゅう）
12 シ（追求 ついきゅう）辞

目標時間 12分
1回目 ／24
2回目 ／24

意味をCheck!

1 賛成…他人の意見などを認めて同意すること。

2 酸性…物質を水にとかした液の性質の一つ。酢やレモン汁などがもつ性質。

6 改良…悪い点をあらためてよくすること。

7 包囲…まわりを取り囲むこと。

12 追求…目的のものを手に入れるため、どこまでも追い求めること。

15 悲喜…悲しみと喜び。

16 模型…実物に似せて作ったもの。

18 景観…景色。素晴らしいながめ。

19 印象…物や人、事がらなどから受ける人の心の感じ。または強く人の心に残ること。

22 個性…その人、そのものが持っている特別な性質。

3

ア 基　イ 径　ウ 係　エ 期　オ 希　カ 経
キ 景　ク 起　ケ 器　コ 軽　サ 喜　シ 型

☑ ケイ	☑ キ
模（16）	容（13）
（17）験	（14）望
（18）観	悲（15）

13	14	15	16	17	18
ケ（容器ようき） 辞	オ（希望きぼう）	サ（悲喜ひき） 辞	シ（模型もけい） 辞	カ（経験けいけん） 辞	キ（景観けいかん） 辞

4

ア 招　イ 照　ウ 象　エ 古　オ 唱　カ 庫
キ 固　ク 松　ケ 故　コ 湖　サ 個　シ 賞

☑ コ	☑ ショウ
（22）性	印（19）
事（23）	受（20）
（24）定	（21）明

19	20	21	22	23	24
ウ（印象いんしょう） 辞	シ（受賞じゅしょう）	イ（照明しょうめい）	サ（個性こせい） 辞	ケ（事故じこ）	キ（固定こてい）

頻《ひん》出度 C ランク

音と訓①

● 漢字の読みには**音**と**訓**があります。次の**じゅく語の読み**は□の中のどの組み合わせになっていますか。ア～エの**記号**で答えなさい。

ア 音と音　**イ** 音と訓　**ウ** 訓と訓　**エ** 訓と音

☐ 1 許《きょ》可《か》

☐ 2 金《きん》額《がく》

☐ 3 組《くみ》曲《きょく》

☐ 4 圧《あつ》力《りょく》

☐ 5 指《さし》図《ず》

☐ 6 合《あい》図《ず》

☐ 7 糸《いと》車《ぐるま》

☐ 8 場《ば》所《しょ》

☐ 9 境《きょう》界《かい》

☐ 10 強《つよ》気《き》

解答

1 ア 辞
2 ア
3 エ 辞
4 ア 辞
5 エ 辞
6 エ
7 ウ 辞
8 エ
9 ア 辞
10 エ

☐ 11 化《か》石《せき》

☐ 12 港《みなと》町《まち》

☐ 13 秋《あき》風《かぜ》

☐ 14 野《の》宿《じゅく》

☐ 15 規《き》則《そく》

☐ 16 火《か》災《さい》

☐ 17 手《て》数《すう》

☐ 18 用《よう》件《けん》

☐ 19 宿《しゅく》舎《しゃ》

☐ 20 貿《ぼう》易《えき》

解答

11 ア 辞
12 ウ
13 ウ 辞
14 エ 辞
15 ア
16 ア
17 エ
18 ア
19 ア
20 ア 辞

目標時間 20分

1回目 /40

2回目 /40

□21 大《たい》志《し》

□22 語《ご》句《く》

□23 実《じっ》際《さい》

□24 会《かい》社《しゃ》

□25 首《くび》輪《わ》

□26 台《だい》所《どころ》

□27 経《けい》験《けん》

□28 気《き》圧《あつ》

□29 仮《か》面《めん》

□30 春《はる》風《かぜ》

21 ア 辞	22 ア 辞	23 ア	24 ア	25 ウ
26 イ	27 ア	28 ア 辞	29 ア 辞	30 ウ 辞

□31 地《じ》声《ごえ》

□32 初《はつ》孫《まご》

□33 大《おお》型《がた》

□34 両《りょう》耳《みみ》

□35 関《せき》所《しょ》

□36 個《こ》人《じん》

□37 古《ふる》着《ぎ》

□38 朝《あさ》日《ひ》

□39 道《どう》徳《とく》

□40 位《い》置《ち》

31 イ	32 ウ 辞	33 ウ	34 イ	35 エ 辞
36 ア	37 ウ	38 ウ	39 ア 辞	40 ア

意味をCheck!

1 許可…相手の願いを受け入れ、行いなどを許すこと。
3 組曲…いくつもの曲を組み合わせて一つの曲にまとめた音楽の形式。
4 圧力…おさえつける力。また、人をしたがわせようとする力。
5 指図…言いつけて、させること。
7 糸車…まゆ、綿などから糸をつむぎ出し、また、それをより合わせるのに用いる車。

9 境界…複数のものをへだてる、さかいの部分。
11 化石…動物や植物が地中にうまって、長い間にその形や骨《ほね》がかたくなって残ったもの。
13 秋風…季節の秋にふく風。おおむねすずしい。
14 野宿…屋外で夜を明かすこと。

20 貿易…各国の品物を交かんすること。交易。
21 大志…大きなこころざし。将来に対する遠大な希望。
22 語句…語と句。言葉。言葉のまとまり。
28 気圧…気体の圧力のこと。
29 仮面…顔にかぶるもの。本性をかくすもの。

30 春風…季節の春にふく風。おおむね暖《あたた》かい。
32 孫…その人の子供《ども》の子供。
35 関所…昔、国境《くにざかい》や重要な道のある地点に設けられた、通行料を取ったり、荷物を調べたりしたところ。
39 道徳…人間としてあるいは社会の一員として守らなければならない正しい行い。

頻《ひん》出度

C

ランク

音と訓②

目標時間 20分

1回目 ／40

2回目 ／40

●漢字の読みには**音**と**訓**があります。次の**じゅく語の読み**は□の中のどの組み合わせになっていますか。ア〜エの**記号**で答えなさい。

ア 音と音　イ 音と訓　ウ 訓と訓　エ 訓と音

☐1 花《はな》火《び》

☐2 塩《しお》味《あじ》

☐3 青《あお》空《ぞら》

☐4 毎《まい》月《つき》

☐5 夕《ゆう》飯《はん》

☐6 増《ぞう》加《か》

☐7 駅《えき》前《まえ》

☐8 荷《に》物《もつ》

☐9 初《しょ》期《き》

☐10 永《えい》久《きゅう》

解答

1 ウ	2 ウ	3 ウ 辞	4 イ	5 エ
6 ア 辞	7 イ	8 エ	9 ア 辞	10 ア 辞

☐11 名《な》札《ふだ》

☐12 古《ふる》本《ほん》

☐13 義《ぎ》務《む》

☐14 血《けつ》液《えき》

☐15 指《し》導《どう》

☐16 建《けん》築《ちく》

☐17 寄《き》付《ふ》

☐18 均《きん》一《いつ》

☐19 大《たい》群《ぐん》

☐20 評《ひょう》判《ばん》

解答

11 ウ	12 エ	13 ア 辞	14 ア	15 ア 辞
16 ア 辞	17 ア 辞	18 ア 辞	19 ア 辞	20 ア 辞

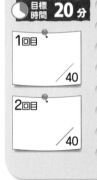

読み
漢字と送りがな
部首名と部首
画数
じゅく語の構成
三字のじゅく語
対義語・類義語
じゅく語作り
音と訓
同じ読みの漢字
書き取り
模擬テスト

意味をCheck!

3 青空…青々とした空。晴れ上がった空。
6 増加…増えること。
9 初期…最初のころの期間。
10 永久…いつまでも変わらずに続くこと。
13 義務…おのおのの立場からしなければならないつとめ。
15 指導…目的に向かって教え導くこと。

16 建築…家屋やビルなどをつくること。建築物。
17 寄付…公共事業や社寺、ボランティア団体などにお金や品物をおくること。
18 均一…量や数、質など、どれもみんな同じであること。
19 大群…大規模な群れ。

20 評判…世間の人による批評のこと。また、世間の人によるうわさのこと。
27 評価…善悪などの価値を定めること。特に、高く価値を定めること。
29 建設…建物や組織などを新たにつくること。
30 支持…支えて持ちこたえること。主張などに賛成して後おしすること。

31 修理…こわれた部分に手を加えて、使えるようにすること。
32 設備…ある目的のために必要な機器などをそなえつけること。また、そなえつけたもの。
33 好評…評判のよいこと。
37 横断…横または東西の方向に通り抜けること。

---

21 原因（げんいん）
22 事務（じむ）
23 炭素（たんそ）
24 営業（えいぎょう）
25 墓石（はかいし）
26 場面（ばめん）
27 評価（ひょうか）
28 経営（けいえい）
29 建設（けんせつ）
30 支持（しじ）

21	22	23	24	25
ア	ア	ア	ア	ウ

26	27	28	29	30
エ	ア辞	ア	ア辞	ア辞

31 修理（しゅうり）
32 設備（せつび）
33 好評（こうひょう）
34 政治（せいじ）
35 報告（ほうこく）
36 武士（ぶし）
37 横断（おうだん）
38 中毒（ちゅうどく）
39 粉雪（こなゆき）
40 山脈（さんみゃく）

31	32	33	34	35
ア辞	ア辞	ア辞	ア	ア

36	37	38	39	40
ア	ア辞	ア	ウ	ア

頻《ひん》出度

C

ランク

同じ読みの漢字①

目標時間 21分

1回目 ／42

2回目 ／42

● 次の――線の**カタカナ**を**漢字**になおしなさい。

□ 1 高齢者の人口が**ゾウ**加する。

□ 2 この花はよく見ると**ゾウ**花だ。

□ 3 祖父のしゅみは仏**ゾウ**を集めることだ。

□ 4 今年は作物が**ホウ**作のようだ。

□ 5 学校の広**ホウ**委員になる。

□ 6 消防車が水を**ホウ**水した。

□ 7 あの先生は**コ**性的な服を着ている。

□ 8 交通事**コ**を未然に防ぐ。

□ 9 盛り上がった土を**キン**等にならす。

□ 10 館内での飲食は**キン**止されている。

解答

1 増
2 造
3 像
4 豊 辞
5 報
6 放
7 個
8 故
9 均 辞
10 禁

□ 11 生徒を熱心に指**ドウ**する。

□ 12 中庭には初代学長の**ドウ**像がある。

□ 13 寺院の本**ドウ**に参拝する。

□ 14 文章の内**ヨウ**をつかむ。

□ 15 先生の話の**ヨウ**点をまとめる。

□ 16 かぜぎみなので十分な栄**ヨウ**をとる。

□ 17 家の周**イ**を散歩する。

□ 18 駅まで自転車で**イ**動する。

□ 19 電車で**オウ**復三時間かかる。

□ 20 先生の家で**オウ**接間に通された。

解答

11 導 辞
12 銅
13 堂
14 容
15 要 辞
16 養
17 囲
18 移
19 往 辞
20 応

21 パソコンとプリンターを**セツ**続する。
22 校舎の建**セツ**が始まった。
23 かれの演技は高い**ヒョウ**価を得た。
24 予選通過が目**ヒョウ**だ。
25 なにごとも**ケイ**験が大切だ。
26 この円の半**ケイ**を求めなさい。
27 **ザイ**校生は千人を超える。
28 高れい者をねらう犯**ザイ**が増えている。
29 規**ソク**を守って学校生活を送る。
30 身長と体重を**ソク**定する。
31 運動して**ヨ**分なぜい肉を落とす。
32 試験までの**ヨ**定表を作成する。
33 宇宙飛行士の任**ム**は重い。
34 弟は今、野球に**ム**中だ。

21	22	23	24	25	26	27	28	29	30	31	32	33	34
接	設	評	標	経	径	在	罪	則	測	余	予	務	夢
辞	辞	辞						辞				辞	辞

35 暗くなり、部屋の電**トウ**をつけた。
36 町の**トウ**計から人口減少は明らかだ。
37 視力が落ちて**ガン**科医院に行く。
38 長年の念**ガン**だった夢がかなう。
39 真夜中になって人通りが**タ**えた。
40 寒くて上着のえりを**タ**てる。
41 学校と家を往**フク**する。
42 父はPTAの**フク**会長だ。

35	36	37	38	39	40	41	42
灯	統	眼	願	絶	立	復	副
	辞		辞				

意味をCheck!

4 豊作…作物がよく実ること。
9 均等…平均していること。平等で差がないこと。
11 指導…目的に向かって教え導くこと。
15 要点…大切なところ。重要な部分。
19 往復…行きと帰り。
21 接続…つなぐこと。つながること。続けること。続くこと。
22 建設…建物や組織などを新たにつくること。
23 評価…善《ぜん》悪などの価値《ち》を定めること。特に、高く価値《ち》を定めること。

29 規則…決まり。おきて。定め。
33 任務…つとめ。役目。
34 夢中…他のことをわすれてしまうほど物事に熱中すること。
36 統計…調査して数量で表すこと。また、調査で得られた数量データ。
38 念願…心にかけて強く思いねがうこと。また、そのねがい。

頻《ひん》出度 C ランク

書き取り①

目標時間 22分

1回目 ／44

2回目 ／44

● 次の――線の**カタカナ**を**漢字**になおしなさい。

1 ノーベル**ショウ**の発表が来週にせまる。
2 中学校では**ビジュツ**部に入りたい。
3 **ホトケサマ**の前でいのる。
4 心が**マズ**しい人にはなりたくない。
5 番組への**シュツエン**をたのむ。
6 明日の天気**ヨホウ**が気になる。
7 台風で**ソウゾウ**をこえるひ害が出た。
8 約束を守らなかった友人を**セ**める。
9 この店は週末だけ**エイギョウ**している。
10 努力を正当に**ヒョウカ**する。

解答

1 賞
2 美術
3 仏様
4 貧
5 出演
6 予報 辞
7 想像
8 責
9 営業
10 評価 辞

11 病院で**ケツエキガタ**を調べる。
12 最後は**セイシン**力の強いほうが勝つ。
13 各地で森林が**ゲンショウ**している。
14 父は大学病院の**イシ**だ。
15 上級生が下級生を**ヒキ**いる。
16 **ショクイン**室で先生と話し合う。
17 湖に富士山が**サカ**さになってうつる。
18 チケットは一年間**ユウコウ**です。
19 毎朝**ミャク**を測って記録している。
20 **ブシ**の刀が展《てん》示されている。

解答

11 血液型
12 精神
13 減少
14 医師
15 率
16 職員
17 逆
18 有効 辞
19 脈
20 武士

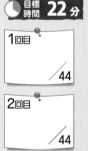

□ **21** 強く引っ張って服が**ヤブ**れた。
□ **22** テストの**サイテン**にミスがあった。
□ **23** **ブアツ**いステーキを食べる。
□ **24** この木は寒い土地に**テキ**している。
□ **25** **アツデ**のコートをはおる。
□ **26** 短気は**ソン**気、は父の口ぐせだ。
□ **27** **コナ**状の薬は飲みにくい。
□ **28** 母は着物がよく**ニア**う。
□ **29** **ジュウキョ**表示を見ながら家をさがす。
□ **30** サークル活動で友人を**フ**やす。
□ **31** 近所で**カサイ**が発生した。
□ **32** **ジョウホウ**がみだれ飛ぶ。
□ **33** お世話になった人に**レイジョウ**を出す。
□ **34** **セイゲン**速度を守って走る。

21 破
22 採点 辞
23 分厚
24 適
25 厚手
26 損 辞
27 粉
28 似合
29 住居
30 増
31 火災
32 情報
33 礼状
34 制限

□ **35** 台風一過で**カイセイ**になった。
□ **36** 来客を**オウセツ**室に通す。
□ **37** 台風が接近して**ボウフウ**域《いき》に入る。
□ **38** 教わったことを家で**フクシュウ**する。
□ **39** 寒いので、**アツギ**をして出かける。
□ **40** 劇《げき》の**カイエン**まであと十分だ。
□ **41** 祖母の**ハカ**は近くの寺にある。
□ **42** 病院で**ケツアツ**を測る。
□ **43** 妹は出版社の**ヘンシュウ**部にいる。
□ **44** 遊びに行く約束を急用で**コトワ**る。

35 快晴 辞
36 応接
37 暴風
38 復習
39 厚着
40 開演
41 墓
42 血圧
43 編集
44 断

意味をCheck!

6 予報…天気などのことがらを予測して、あらかじめ報じること。
10 評価…善《ぜん》悪などの価値《ち》を定めること。特に、高く価値《ち》を定めること。
18 有効…ききめがあること。効力があること。
22 採点…評価して点数をつけること。
26 短気は損気…気が短いと損をするということ。
35 台風一過＊…台風が通り過ぎたあとの、すみわたった良い天気。転じて、さわぎがおさまって、落ち着くこと。

頻《ひん》出度 C ランク

書き取り②

目標時間 22分

1回目 ／44

2回目 ／44

● 次の——線のカタカナを漢字になおしなさい。

1 兄は家を出て**ドクリツ**している。

2 長年、**リョウド**問題で争っている。

3 主役の仕事をりっぱに**ツト**める。

4 毎朝、本を読む**シュウカン**がある。

5 キノコの**ドク**には注意が必要だ。

6 父は**ケンセツ**会社で働いている。

7 ねぼうした友人を**ベンゴ**した。

8 天高く馬**コ**ゆる秋

9 日ごろの**ボウサイ**訓練の成果が出る。

10 大雨で川が**ゾウスイ**する。

解答

1 独立
2 領土 辞
3 務
4 習慣 辞
5 毒
6 建設
7 弁護
8 肥 辞
9 防災
10 増水

11 本店を東京に**イテン**する。

12 **ゲンザイ**の時刻《こく》を確かめる。

13 豊かな声量で**ドクショウ**する。

14 居間のかべに**ショウジョウ**をかざる。

15 店には**コウカ**な服が売られている。

16 体育では**サカア**がりが苦手だ。

17 この洋服は綿の手**オ**りだ。

18 思いを**アマ**すところなく伝える。

19 手を挙げて**オウダン**歩道をわたる。

20 ダムには水が**ホウフ**にある。

解答

11 移転
12 現在
13 独唱 辞
14 賞状
15 高価
16 逆上
17 織
18 余
19 横断
20 豊富

部首と部首
画数
じゅく語の構成
三字のじゅく語
対義語・類義語
じゅく語作り
音と訓
同じ読みの漢字
書き取り
模擬テスト

☑ 21 けが人に**テキセツ**な処置をほどこす。

☑ 22 カタログで**シンガタ**の電化製品をチェックする。

☑ 23 **ユウカン**の連さい小説を読む。

☑ 24 この犬は**セイカク**がおだやかだ。

☑ 25 たんぽぽの**ワタゲ**が風に乗って飛ぶ。

☑ 26 あの店の衣料品は**ヒンシツ**が確かだ。

☑ 27 台風は勢力を増して**セッキン**中だ。

☑ 28 **ボウリョク**は人として最低の行いだ。

☑ 29 休業していた店が**サイカイ**する。

☑ 30 うちの犬が**アバ**れるわけがない。

☑ 31 台風のため船は終日**ケッコウ**する。

☑ 32 祖父から三代続けて**セイジ**家だ。

☑ 33 テレビの**ホウドウ**で初めて知った。

☑ 34 わたしの家は学校の正門とは**ギャク**側だ。

21	適切 辞
22	新型
23	夕刊
24	性格
25	綿毛
26	品質
27	接近
28	暴力
29	再開
30	暴
31	欠航
32	政治
33	報道
34	逆

☑ 35 間もなく**キュウキュウタイ**がとう着する。

☑ 36 ガソリンなど**ネンリョウ**が値上がりする。

☑ 37 学校の**シュクシャ**にとまる。

☑ 38 両親はスイスでの**エイジュウ**を決めた。

☑ 39 **シカク**を取るための勉強をする。

☑ 40 いとこが**ニガオ**絵をかいてくれた。

☑ 41 **ホケン**所で予防接種を受ける。

☑ 42 打つのは得意だが**シュビ**は苦手だ。

☑ 43 先日の問題がようやく**カイケツ**した。

☑ 44 他国の技術を**オウヨウ**する。

35	救急隊
36	燃料
37	宿舎 辞
38	永住 辞
39	資格
40	似顔
41	保健
42	守備
43	解決
44	応用

意味をCheck!

2 領土…その国が治めている土地。

4 習慣…日ごろの決まった行い。

8 天高く馬肥ゆる秋…空気がすんで、空が高く見える秋は、馬も肥え太るぐらいの収かくの時期であるという、秋という季節を表した言葉。

13 独唱…歌曲を一人で歌うこと。ソロ。

21 適切…よく適合していること。ぴったり当てはまること。

37 宿舎…宿泊するために建てられた建物。または公務員の住宅。

38 永住…死ぬまでその土地に住むこと。

頻《ひん》出度 C ランク

書き取り③

目標時間 22分

1回目 /44

2回目 /44

● 次の――線の**カタカナ**を**漢字**になおしなさい。

1 昨日の事故の**ゲンバ**はここだ。

2 子供《ども》に**ボウハン**ブザーを持たせる。

3 書道のコンクールで**ニュウショウ**する。

4 強風で木の**コエダ**が折れる。

5 コーチの**シジ**で作戦を変える。

6 長雨で畑の作物に**ソンガイ**が出る。

7 おじには**ツマ**と子が一人いる。

8 **アツガミ**を使って工作をする。

9 **キョウシ**の仕事にあこがれる。

10 大好きな先生が**テンニン**する。

解答

1 現場
2 防犯
3 入賞
4 小枝
5 指示
6 損害 辞
7 妻
8 厚紙
9 教師
10 転任

11 **ハツユメ**を楽しみにねむりにつく。

12 **キュウギ**ではバレーボールが好きだ。

13 父は生命**ホケン**に入った。

14 **テンキョ**したので案内はがきを出す。

15 真新しい**セイフク**で入学式にのぞむ。

16 父は京都に**シュッチョウ**している。

17 ぼくは、こん虫**サイシュウ**がしゅみだ。

18 **イマ**に観葉植物をかざる。

19 弟の歯が**エイキュウ**歯にかわる。

20 運動ぐつのマジックテープを**ト**める。

解答

11 初夢
12 球技
13 保険
14 転居
15 制服
16 出張 辞
17 採集
18 居間 辞
19 永久
20 留

- □ 21 この先の変化を**ヨソク**する。
- □ 22 大きな島がすがたを**アラワ**した。
- □ 23 食料と水を**カクホ**する。
- □ 24 昨日の大雨で川の水かさが**マ**す。
- □ 25 うちの**センゾ**は武士だったそうだ。
- □ 26 手にあせにぎる**セッセン**となった。
- □ 27 **リュウガク**生と友だちになる。
- □ 28 学校に有名な作家の**ドウゾウ**がある。
- □ 29 電車の**セツゾク**の時こくを調べる。
- □ 30 夫の**ショクギョウ**は会社員です。
- □ 31 **ココロヨ**い風がふく季節だ。
- □ 32 畑の作物に**コ**やしをあたえる。
- □ 33 歴史学者の**コウエン**がある。
- □ 34 火事で大量の一酸化**タンソ**が出る。

21 予測　22 現　23 確保　24 増　25 先祖　26 接戦 辞　27 留学　28 銅像　29 接続　30 職業　31 快 辞　32 肥　33 講演　34 炭素 辞

- □ 35 次の駅で**エキベン**を買おう。
- □ 36 弟が**サカダ**ちの練習をしている。
- □ 37 気に入った**ガゾウ**をさがす。
- □ 38 体調をくずして**ホケンシツ**で休む。
- □ 39 急な雨で試合が**チュウダン**された。
- □ 40 台風についての**ソクホウ**が流れる。
- □ 41 集団より**タンドク**行動を好む。
- □ 42 **キュウキュウバコ**の点検をする。
- □ 43 病院で日帰り**シュジュツ**を受ける。
- □ 44 弟は自己《こ》**シュチョウ**が強い。

35 駅弁　36 逆立　37 画像　38 保健室　39 中断　40 速報 辞　41 単独　42 救急箱　43 手術　44 主張 辞

意味をCheck!

6 損害…そこなうこと。利益を失うこと。
16 出張…仕事で担当《たん》している場所とちがう所に行くこと。
18 居間…家族が団らんする場所。
26 接戦…なかなか勝負がつかない戦い。また、敵《てき》と味方が接近して戦うこと。

31 快い…気持ちがよい。
34 一酸化炭素…無色でにおいのない気体。すうと中毒を起こす。
40 速報…事件や事故などをいち早く伝えること。
44 自己主張…自分の考えや要求を他人に伝えること。

頻《ひん》出度

C

ランク

書き取り④

目標時間 22分

1回目 ／44

2回目 ／44

● 次の——線の**カタカナ**を**漢字**になおしなさい。

1 辞典で**ゴク**の意味を調べる。

2 あの店はおいしいと**ヒョウバン**だ。

3 とどいた荷物が**ハソン**していた。

4 毎年夏には**ハカマイ**りをする。

5 **テキトウ**な大きさの箱に入れる。

6 委員会は五つの**ソシキ**から成る。

7 自分の意見が**サイヨウ**される。

8 準備運動をして体を**ナ**らした。

9 昨日、市内では三件の**ジコ**があった。

10 山の上は**キアツ**が低い。

解答

1 語句 辞

2 評判 辞

3 破損

4 墓参

5 適当

6 組織

7 採用

8 慣

9 事故

10 気圧

11 野球の試合で**トクテン**を重ねる。

12 乗車中の電車は各駅に**テイシャ**する。

13 台風の風速を**カンソク**する。

14 高速道路の料金所を**ツウカ**する。

15 日本列島に**テイキアツ**が近づいている。

16 打者が**ギャクテン**ホームランを放つ。

17 このおかしの賞味**キゲン**は三日後だ。

18 二国間で**ジョウヤク**を結ぶ。

19 **カリ**の校舎で勉強することになった。

20 有名人に**ゴエイ**をつける。

解答

11 得点

12 停車

13 観測 辞

14 通過

15 低気圧

16 逆転

17 期限

18 条約

19 仮

20 護衛

□ 21 **コムギコ**を使ってうどんを作る。
□ 22 寺の**ホンドウ**にお参りする。
□ 23 **チョキンバコ**からお金を出す。
□ 24 春先に時季外れの**コナユキ**がまう。
□ 25 犬は初雪に**オオヨロコ**びだ。
□ 26 列島の中央には**サンミャク**が連なる。
□ 27 兄と同じチームに**ショゾク**している。
□ 28 命を**スク**う職業にあこがれる。
□ 29 毎月本代に**ヒヨウ**がかさむ。
□ 30 **ダンタイ**旅行の幹事を務める。
□ 31 畑の**ドクムシ**を退《たい》治する。
□ 32 テレビ**コウコク**を見て商品を買う。
□ 33 電車の**ウンテンシ**になるのが夢だ。
□ 34 タンカーは長い**コウカイ**に出る。

21 小麦粉
22 本堂 辞
23 貯金箱
24 粉雪 辞
25 大喜
26 山脈
27 所属
28 救
29 費用
30 団体
31 毒虫
32 広告 辞
33 運転士
34 航海

□ 35 一**セイキ**は百年間だ。
□ 36 ダムの**チョスイ**量をチェックする。
□ 37 スプレーで小さな虫を**コロ**す。
□ 38 この山からは**テッコウセキ**が採れる。
□ 39 運動でエネルギーを**ショウヒ**する。
□ 40 **ヒコウシ**はあこがれの職業だ。
□ 41 台風による**テイデン**が長引いている。
□ 42 **キショウダイ**の台風情報を確認する。
□ 43 会社の**ケイエイ**は順調のようだ。
□ 44 子供《ども》を**ホイク**園に送りとどける。

35 世紀
36 貯水
37 殺
38 鉄鉱石
39 消費
40 飛行士
41 停電
42 気象台 辞
43 経営
44 保育

意味をCheck!

1 語句…語と句。言葉。言葉のまとまり。
2 評判…世間の人が言い広めた評価のこと。また、世間の人によるうわさのこと。
13 観測…自然現象の変化を観察・測定すること。
22 本堂…お寺にある最も大切な仏像がある建物のこと。
24 粉雪…通常の雪よりも粉のように小さくさらさらした雪。
32 広告…商品などの情報を世の中の大勢の人に知ってもらうこと。
42 気象台…天気や地しん、火山の様子などを観測する機関のこと。

漢・字・パ・ズ・ル

お話がかくれているよ！

十字の外側とまん中の字をあわせると、それぞれ４つの二字じゅく語ができます。〔４〕の「れい」のように、まん中に漢字を入れましょう（三角の方向に読みます）。〔１〕から漢字を並べて解答らんに書いて、宮沢賢《みやざわけん》治《じ》の小説名を答えてください。

〔１〕

路《ろ》▼ ／ 水《すい》▶ □ ▶行《こう》 ／ ▼貨《か》

〔２〕

運《うん》▼ ／ 氷《ひょう》▶ □ ▶原《わら》 ／ ▼口《こう》

〔３〕

電《でん》▼ ／ 私《し》▶ □ ▶人《じん》 ／ ▼製《せい》

〔４〕れい

国《こく》▼ ／ 報《ほう》▶ 道《どう・みち》 ▶場《じょう》 ／ ▼草《くさ》

解答らん『〔１〕□〔２〕□〔３〕□〔４〕道の夜』

答え 『銀《ぎん》河《が》鉄《てつ》道《どう》の夜』

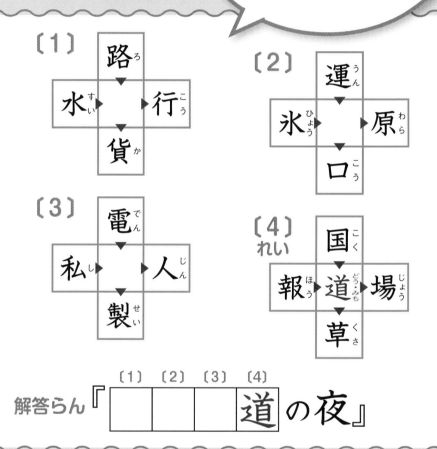

本書記載の情報は制作時点のものです。受検をお考えの方は、必ずご自身で下記の公益財団法人 日本漢字能力検定協会の発表する最新情報をご確認ください。

公益財団法人 日本漢字能力検定協会
【ホームページ】 https://www.kanken.or.jp/
＜本部＞ 京都市東山区祇園町南側 551 番地
ホームページにある「よくある質問」を読んで該当する質問がみつからなければメールフォームでお問合せください。電話でのお問合せ窓口は0120－509－315（無料）です。

◆「漢字検定」「漢検」は、公益財団法人 日本漢字能力検定協会の登録商標です。

本書に関する正誤等の最新情報は、下記のアドレスでご確認ください。
https://www.seibidoshuppan.co.jp/info/hkanken6-2401

◉ 上記アドレスに掲載されていない箇所で、正誤についてお気づきの場合は、書名・質問事項・氏名・住所（またはFAX番号）を明記の上、**成美堂出版**まで**郵送**または**FAX**でお問い合わせください。**お電話でのお問い合わせはお受けできません。**
◉ 内容によってはご質問をいただいてから回答を発送するまでお時間をいただくこともございます。
◉ 本書の内容を超える質問等にはお答えできませんので、あらかじめご了承ください。

よくあるお問い合わせ

Q 持っている辞書に掲載されている部首と、本書に掲載されている部首が違いますが、どちらが正解でしょうか？

A 辞書によっては、部首としているものが異なることがあります。**漢検の採点基準では、「漢検要覧 2～10 級対応 改訂版」（日本漢字能力検定協会発行）で示しているものを正解としています**ので、本書もこの基準に従っています。そのためお持ちの辞書と部首が異なることがあります。

■ 本文デザイン：HOPBOX（福井信明）
■ 本文イラスト：黒はむ
■ 編 集 協 力：knowm

頻出度順 漢字検定6級問題集

編 著 成美堂出版編集部
発行者 深見公子
発行所 成美堂出版
〒162-8445 東京都新宿区新小川町 1-7
電話(03)5206-8151 FAX(03)5206-8159
印 刷 大盛印刷株式会社

ISBN978-4-415-23207-2
落丁·乱丁などの不良本はお取り替えします
定価はカバーに表示してあります

（六）三字じゅく語

1 均	6 設
2 額	7 適
3 税	8 現
4 格	9 再
5 接	10 険

（七）対義語・類義語

1 損	6 過
2 精	7 賛
3 望	8 副
4 減	9 序
5 像	10 因

（八）じゅく語作り

1 オ　2 ア　3 キ　4 コ　5 カ　6 エ

（九）音と訓

1 ウ	6 エ
2 ア	7 ウ
3 イ	8 エ
4 エ	9 イ
5 ア	10 ア

（十）同じ読みの漢字

1 包　2 放　3 刊　4 慣　5 努　6 務　7 際　8 災　9 妻

（十一）書き取り

1 確	11 速報
2 勢	12 保
3 示	13 仏
4 飼育	14 規則
5 貸	15 増
6 慣	16 暴風
7 往復	17 久
8 銅	18 責任
9 張	19 禁止
10 輸入	20 過

由や原因のこと。

（八）
1「耕作」は、田畑をたがやして、農作物を育てること。
2「無効」は、ききめがないこと、ききめがおよばないこと。
6「支給」は、お金やものをわたすこと。

（九）
1 織物
2 混同
3 新顔
4 桜草
5 条件
6 大判
7 葉桜
8 小判
9 仕事
10 祖先

（十）
3「休刊」は、新聞や雑誌など、定期的に発行されているものが、発行を休むこと。
4「習慣」は、くり返して行ううちに、きまりのようになったこと。

読み　漢字と送りがな　部首名と部首　画数　じゅく語の構成　三字のじゅく語　対義語・類義語　じゅく語作り　音と訓　同じ読みの漢字　書き取り　模擬テスト

本試験形式

第2回 模擬《もぎ》テスト 解答と解説

問題は134～139ページ

(一) 読み

1 きょうみ
2 はかまい
3 はんが
4 さかあ
5 ひと
6 と
7 かいせい
8 きんとう
9 はか
10 ことわ
11 こうち
12 むしゃ
13 つ
14 と
15 の
16 き
17 せいかく
18 ひたい
19 きず
20 まか

(二) 漢字と送りがな

1 比べる
2 招く
3 破れる
4 険しい
5 任せる

(三) 部首名と部首

1 キ
2 宀
3 ケ
4 口
5 オ
6 心
7 ア
8 刂
9 ウ
10 攵

(四) 画数

1 4
2 5
3 5
4 7
5 3
6 8
7 3
8 12
9 3
10 11

(五) じゅく語の構成

1 ア
2 エ
3 イ
4 ウ
5 エ
6 エ
7 ア
8 エ
9 ウ
10 イ

(一)
1「興味」は、あることにとくに気持ちが引かれること。関心があること。
20「船は船頭に任せよ」は、どんなことでも、そのことにくわしい人、専《せん》門家にまかせるのがよい、ということ。

(五)
1「自(分)と他(人)」で対になる字の組み合わせなのでア。
2「造(る)←船(を)」で下から上に返って読むと意味がわかるのでエ。
6「検(査する)←温(度を)」で下から上に返って読むと意味がわかるのでエ。
8「入(る)←団(に)」でエ。

(六)
1「平均化」は、ふぞろいのない状態にすること。

(七)
10「動機」は、その行動をする理

読み　漢字と送りがな　部首名と部首　画数　じゅく語の構成　三字のじゅく語　対義語・類義語　じゅく語作り　音と訓　同じ読みの漢字　書き取り　模擬テスト

(六) 三字じゅく語

1	2	3	4	5
経	松	圧	術	率

6	7	8	9	10
可	住	査	基	輸

(七) 対義語・類義語

1	2	3	4	5
容	現	復	解	留

6	7	8	9	10
応	周	版	像	興

(八) じゅく語作り

1	2	3	4	5	6
オ	ア	キ	シ	コ	カ

(九) 音と訓

1	2	3	4	5
エ	イ	ア	エ	ウ

6	7	8	9	10
エ	ア	エ	イ	イ

(十) 同じ読みの漢字

1	2	3	4	5	6	7	8	9
厚	熱	織	折	望	防	隊	帯	態

(十一) 書き取り

1	2	3	4	5	6	7	8	9	10
限	豊	品質	比	慣	耕	調査	減	志望	似

11	12	13	14	15	16	17	18	19	20
営	備	減	飼	編	迷	技術	件	接続	罪

(八)
2「仮説」は、あることを説明するために、かりに立てる説。
5「証人」は、あることを証明する人。

(九)
音読みはカタカナ、訓読みはひらがなで読み方をつけると、次のようになる。
1 係長
2 新型
3 支店
4 梅酒
5 黄桜
6 布地
7 義務
8 道順
9 駅前
10 新芽

漢字と送りがな

部首名と部首

画数

じゅく語の構成

三字のじゅく語

対義語・類義語

じゅく語作り

音と訓

同じ読みの漢字

書き取り

模擬テスト

(二) 次の──線の**カタカナ**を〇の中の漢字と**送りがな**（**ひらがな**）で書きなさい。

〈例〉㊕ 問題の答えを**カンガエル**。 [考える]

2×5

□/10

□ 1 ㊽ **ココロヨイ**返事をもらう。（　）

□ 2 ㊾ 今回の算数のテストは**ヤサシイ**。（　）

□ 3 ㊨ 給食のおかずが一人分**アマル**。（　）

□ 4 ㊤ かぎをかけたか何度も**タシカメル**。（　）

□ 5 ㊬ 相手のあやまちを**ユルス**。（　）

(三) 次の漢字の**部首名**と**部首**を書きなさい。**部首名**は、後の▢から選んで**記号**で答えなさい。

〈例〉花・茶 （コ）[＋＋]
部首名　部首

1×10

□/10

□ 序・府 （1）[2]
部首名　部首

□ 管・笑 （3）[4]

□ 迷・造 （5）[6]

□ 仮・仏 （7）[8]

□ 容・察 （9）[10]

ア しんにょう・しんにゅう　イ にんべん　ウ たけかんむり
エ りっとう　オ うかんむり　カ かい・こがい
キ まだれ　ク がんだれ　ケ おおがい　コ くさかんむり

(四)

次の漢字の**太い画**のところは**筆順の何画目**か、また**総画数は何画**か、**算用数字**（1、2、3…）で答えなさい。

1×10　／10

漢字	何画目	総画数
報	（1）	〔2〕
状	（3）	〔4〕
断	（5）	〔6〕
罪	（7）	〔8〕
常	（9）	〔10〕

(五)

漢字を二字組み合わせたじゅく語では、二つの漢字の間に意味の上で、次のような関係があります。

2×10　／20

ア　反対や対《つい》になる意味の字を組み合わせたもの　（例…強弱）
イ　同じような意味の字を組み合わせたもの　（例…進行）
ウ　上の字が下の字の意味を説明（修飾《しょく》）しているもの　（例…直線）
エ　下の字から上の字に返って読むと意味がよくわかるもの　（例…開会）

次の**じゅく語**は右のア～エのどれにあたるか、**記号**で答えなさい。

1 悲喜（　）
2 寄港（　）
3 採取（　）
4 移転（　）
5 国境（　）
6 寒暑（　）
7 最適（　）
8 過重（　）
9 禁止（　）
10 売買（　）

(六) 次のカタカナを漢字になおし、一字だけ書きなさい。

2×10　／20

1 無神**ケイ**（　）
2 **ショウ**竹梅（　）
3 低気**アツ**（　）
4 芸**ジュツ**性（　）
5 百分**リツ**（　）
6 **カ**能性（　）
7 衣食**ジュウ**（　）
8 検**サ**室（　）
9 **キ**本的（　）
10 **ユ**出入（　）

(七) 後の□の中のひらがなを漢字になおして、対義語（意味が反対や対《つい》になることば）と、類義語（意味がよくにたことば）を書きなさい。□の中のひらがなは一度だけ使い、漢字一字を書きなさい。

2×10　／20

対義語

1 形式―内（　）
2 理想―（　）実
3 予習―（　）習
4 集合―（　）散
5 決定―保（　）

類義語

6 返事―（　）答
7 付近―（　）辺
8 発行―出（　）
9 空想―想（　）
10 関心―（　）味

かい・げん・ふく
よう・りゅう

おう・きょう・しゅう
ぞう・ぱん

(八)

上の読みの漢字を□の中から選び、( )にあてはめて**じゅく語**を作りなさい。答えは**記号**で書きなさい。

2×6　／12

カ	**1**( )口　**2**( )説　**3**許( )
ショウ	**4**( )待　**5**( )人　**6**対( )

ア 仮	**イ** 賞	**ウ** 過	**エ** 松
オ 河	**カ** 象	**キ** 可	**ク** 唱
ケ 価	**コ** 証	**サ** 果	**シ** 招

(九)

漢字の読みには**音**と**訓**があります。次の**じゅく語の読み**は□の中のどの組み合わせになっていますか。ア〜エの**記号**で答えなさい。

2×10　／20

ア 音と音　**イ** 音と訓　**ウ** 訓と訓　**エ** 訓と音

1 係《かかり》長《ちょう》( )

2 新《しん》型《がた》( )

3 支《し》店《てん》( )

4 梅《うめ》酒《しゅ》( )

5 黄《き》桜《ざくら》( )

6 布《ぬの》地《じ》( )

7 義《ぎ》務《む》( )

8 道《みち》順《じゅん》( )

9 駅《えき》前《まえ》( )

10 新《しん》芽《め》( )

(十)

次の――線の**カタカナ**を**漢字**になおしなさい。

2×9　／18

1 アツい雲が切れて晴れ間が出た。( )

2 出された緑茶がアツかった。( )

3 金と銀の糸を順番に**オ**る。

4 **オ**りたたみのかさを持つ。

5 新しいクラブへ入部を希**ボウ**する。

6 明日は**ボウ**火訓練が行われる。

7 地元の音楽**タイ**に参加する。

8 駅裏《うら》の海側は工業地**タイ**だ。

9 **タイ**度を改め反省する。

(十一) 次の――線の**カタカナ**を**漢字**になおしなさい。

2×20　／40

1 この車両に乗るのは女性に**カギ**られる。

2 **ユタ**かなかみの毛を後ろでたばねる。

3 食べ物は**ヒンシツ**第一で選んでいる。

4 関東と関西の食文化を**クラ**べる。

5 毎日の運動が習**カン**になる。

6 畑を**タガヤ**して野菜を植える。

7 事の成り行きを細かく**チョウサ**する。

8 心配事が続いて体重が**へ**る。

9 第一**シボウ**の高校に入学する。

10 妹は母よりも父に**ニ**ている。

11 町の外れで本屋を**イトナ**む。

12 地震《しん》に**ソナ**えて水を用意する。

13 観客は試合のたびに**へ**っていった。

14 水そうで熱帯魚を**カ**う。

15 兄弟におそろいのセーターを**ア**む。

16 旅先で道に**マヨ**う。

17 日本は世界有数の**ギジュツ**力をもつ。

18 事**ケン**現場に人が集まる。

19 電車の**セツゾク**を考えて計画を立てる。

20 **ツミ**をにくんで人をにくまず

本試験形式

第2回 模擬《もぎ》テスト

目標時間 60分
合格点 140点

1回目 /200
2回目 /200

解答・解説は142~143ページ

(一) 次の——線の**漢字の読み**を**ひらがな**で書きなさい。

1×20　/20

1 興味のあることには非常に熱心だ。（　）
2 家族でお墓参りに行く。（　）
3 木にちょうこく刀で版画をほる。（　）
4 放課後に逆上がりの練習をする。（　）
5 弟がおやつを独りじめする。（　）
6 新しい案も積極的に採り入れる。（　）
7 明日の天気予報は快晴だ。（　）
8 ピザを均等に切り分ける。（　）
9 日なたと日かげの気温を測る。（　）
10 ペットを連れての入店はお断りだ。（　）
11 昨夜の台風で耕地が水につかる。（　）
12 あまりのきん張感で武者ぶるいした。（　）
13 春を告げる行事が行われる。（　）
14 からまったひもを根気強く解く。（　）
15 自分の意見をしっかりと述べる。（　）
16 朝飲んだ薬がようやく効く。（　）
17 性格は家族全員のんびりしている。（　）
18 額に子どものころ転んだ傷《きず》がある。（　）
19 コンクリートで家の土台を築く。（　）
20 船は船頭に任せよ（　）

漢字と送りがな
部首と部首名
画数
じゅく語の構成
三字のじゅく語
対義語・類義語
じゅく語作り
音と訓
同じ読みの漢字
書き取り
模擬テスト

(二)

次の──線のカタカナを○の中の漢字と送りがな（ひらがな）で書きなさい。

〈例〉 考 問題の答えをカンガエル。 → 考える

2×5 ／10

☑ 1 比 どちらの服が似合うかクラベル。（　）

☑ 2 招 親せきを家にマネク。（　）

☑ 3 破 はき古したズボンがついにヤブレル。（　）

☑ 4 険 プロになるまではケワシイ道のりだ。（　）

☑ 5 任 父は店を母にマカセル。（　）

(三)

次の漢字の部首名と部首を書きなさい。部首名は、後の□から選んで記号で答えなさい。

〈例〉 花・茶 部首名（コ）部首〔艹〕

1×10 ／10

☑ 害・官 部首名（1）部首〔2〕

☑ 団・因 （3）〔4〕

☑ 悲・念 （5）〔6〕

☑ 刊・判 （7）〔8〕

☑ 政・故 （9）〔10〕

ア りっとう　イ くち　ウ のぶん・ぼくづくり
エ れんが・れっか　オ こころ　カ えんにょう
キ うかんむり　ク のぎへん　ケ くにがまえ　コ くさかんむり

(四) 次の漢字の**太い画**のところは**筆順の何画目**か、また**総画数は何画**か、**算用数字**（1、2、3…）で答えなさい。

1×10　/10

	何画目	総画数
犯	（1）	〔2〕
災	（3）	〔4〕
妻	（5）	〔6〕
貿	（7）	〔8〕
率	（9）	〔10〕

(五) 漢字を二字組み合わせたじゅく語では、二つの漢字の間に意味の上で、次のような関係があります。

2×10　/20

ア 反対や対《つい》になる意味の字を組み合わせたもの（例…**強弱**）
イ 同じような意味の字を組み合わせたもの（例…**進行**）
ウ 上の字が下の字の意味を説明（修飾《しょく》）しているもの（例…**直線**）
エ 下の字から上の字に返って読むと意味がよくわかるもの（例…**開会**）

次の**じゅく語**は右のア〜エのどれにあたるか、**記号**で答えなさい。

1 自他（　）
2 造船（　）
3 飼育（　）
4 永住（　）
5 留任（　）
6 検温（　）
7 集散（　）
8 入団（　）
9 朝刊（　）
10 清潔（　）

（六）

次の**カタカナ**を**漢字**になおし、**一字だけ**書きなさい。

2×10　／20

1 平**キン**化（　　）
2 定**ガク**制（　　）
3 消費**ゼイ**（　　）
4 本**カク**的（　　）
5 間**セツ**的（　　）
6 **セッ**計図（　　）
7 不**テキ**当（　　）
8 **ゲン**住所（　　）
9 **サイ**出発（　　）
10 保**ケン**証（　　）

（七）

後の□の中のひらがなを漢字になおして、**対義語**（意味が反対や対《つい》になることば）と、**類義語**（意味がよくにたことば）を書きなさい。□の中のひらがなは**一度だけ**使い、**漢字一字**を書きなさい。

2×10　／20

対義語

1 利益—（　）失
2 肉体—（　）神
3 期待—失（　）
4 増加—（　）少
5 実際—想（　）

げん・せい・ぞう
そん・ぼう

類義語

6 以前—（　）去
7 同意—（　）成
8 内職—（　）業
9 順番—順（　）
10 動機—原（　）

いん・か・さん
じょ・ふく

(八) 上の読みの漢字を□の中から選び、（　）にあてはめて**じゅく語**を作りなさい。答えは**記号**で書きなさい。

2×6 ／12

コウ	1（　）作　2無（　）　3寄（　）
シ	4教（　）　5意（　）　6（　）給

ア効　イ司　ウ公　エ支
オ耕　カ志　キ港　ク氏
ケ交　コ師　サ広　シ史

(九) 漢字の読みには**音**と**訓**があります。次の**じゅく語の読み**は□の中のどの組み合わせになっていますか。ア〜エの**記号**で答えなさい。

2×10 ／20

ア音と音　イ音と訓　ウ訓と訓　エ訓と音

1 織物《おりもの》（　）
2 混同《こんどう》（　）
3 新顔《しんがお》（　）
4 桜草《さくらそう》（　）
5 条件《じょうけん》（　）
6 大判《おおばん》（　）
7 葉桜《はざくら》（　）
8 小判《こばん》（　）
9 仕事《しごと》（　）
10 祖先《そせん》（　）

(十) 次の——線の**カタカナ**を**漢字**になおしなさい。

2×9 ／18

1 薬局でホウ帯をこう入する。（　）
2 火災現場で消防車のホウ水が始まる。（　）

部首と部首
画数
じゅく語の構成
三字のじゅく語
対義語・類義語
じゅく語作り
音と訓
同じ読みの漢字
書き取り
模擬テスト

(十一) 次の――線の**カタカナを漢字に**なおしなさい。

2×20

□/40

☑ 1 火の元を何度も**タシ**かめる。

☑ 2 **イキオ**いよくぶつかってけがをする。

☑ 3 順路が矢印で**シメ**されている。

☑ 4 学校でウサギを**シイク**する。

☑ 5 今日は図書室の**力**し出し係の当番だ。

☑ 3 祝日の次の日は新聞休**カン**日だ。

☑ 4 寝る前のストレッチが習**カン**だ。

☑ 5 ちこくしないよう**ツト**める。

☑ 6 兄は学級委員を二回**ツト**めた。

☑ 7 国**サイ**的に有名な建物を見学する。

☑ 8 **サイ**害が起きた地域に物資を送る。

☑ 9 街で有名人の夫**サイ**に出会った。

☑ 6 習うより**ナ**れよ、とはよくいったものだ。

☑ 7 大学までは**オウフク**三時間かかる。

☑ 8 スキーで**ドウ**メダルをかく得した。

☑ 9 工事現場にロープを**ハ**りめぐらす。

☑ 10 日本は天然ガスを**ユニュウ**している。

☑ 11 選挙の開票**ソクホウ**が次々に流れる。

☑ 12 部屋の温度を一定に**タモ**つ。

☑ 13 いくらやさしくても**ホトケ**の顔も三度だ。

☑ 14 自動車学校で交通**キソク**を学ぶ。

☑ 15 改築して部屋を**フ**やす。

☑ 16 台風の接近で今夜は**ボウフウ**雨となる。

☑ 17 **ヒサ**しぶりの再会が待ち遠しい。

☑ 18 事件の**セキニン**を明確にする。

☑ 19 強風のため通行が**キンシ**される。

☑ 20 のど元**ス**ぎれば熱さを忘れる

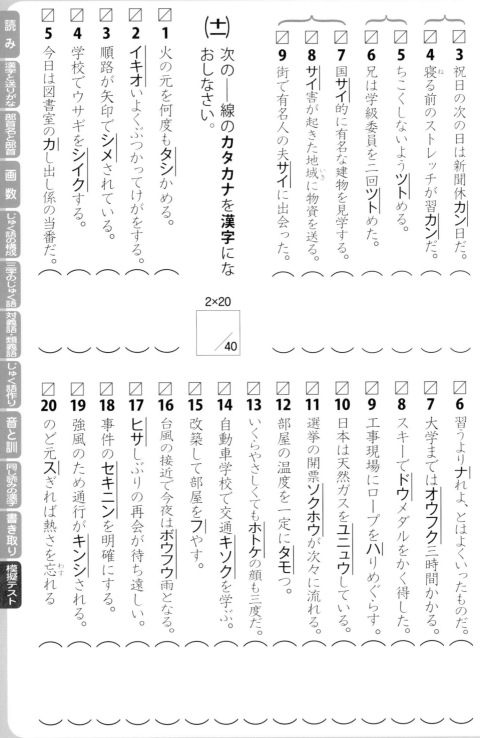

本試験形式

第1回 模擬《もぎ》テスト 解答と解説

問題は128〜133ページ

(一) 読み

1 ゆきど
2 まね
3 けわ
4 さくら
5 いきお
6 か
7 みちび
8 くとうてん
9 みき
10 だんち
11 もう
12 しりょう
13 みゃく
14 ぞく
15 つく
16 こた
17 でんとう
18 がんたい
19 た
20 そな

(二) 漢字と送りがな

1 快い
2 易しい
3 余る
4 確かめる
5 許す

(三) 部首名と部首

1 キ
2 广
3 ウ
4 ⺮
5 ア
6 辶
7 イ
8 亻
9 オ
10 宀

(四) 画数

1 10
2 12
3 2
4 7
5 7
6 11
7 10
8 13
9 1
10 11

(五) じゅく語の構成

1 ア
2 エ
3 イ
4 イ
5 ウ
6 ア
7 ウ
8 エ
9 イ
10 ア

(一)
11「設ける」は作ること。用意すること。設置すること。
19「絶える」は続いていたものが終わること。とぎれること。

(二)
4「確める」とまちがえやすいので注意。

(五)
5「国(の)→境」で、上の字が下の字を説明しているのでウ。

(六)
1「無神経」は、人の気持ちを気にしないこと。感覚がにぶいこと。

(七)
3「予」は、あらかじめ、前もって、という意味。「復」は、もどる、もどすという意味。
6「応答」は、問いかけられてこたえること。
10「関心」は、気持ちが引かれること。興味を持つこと。

本試験形式

第1回 模擬《も ぎ》テスト

目標時間 60分
合格点 140点

1回目 /200
2回目 /200

解答・解説は140~141ページ

(一)

次の——線の**漢字の読み**を**ひらがな**で書きなさい。

1×20 /20

1 暖《あたた》かくなり雪解けが始まる。（　　）
2 試験会場で友人に手招きされる。（　　）
3 医師が険しい顔で病状を告げる。（　　）
4 公園の桜はもうすぐ満開だ。（　　）
5 飛ぶ鳥を落とす勢いで勝ち進む。（　　）
6 友人と金の貸し借りはしない主義だ。（　　）
7 生徒を正しい生活態度に導く。（　　）
8 句読点の使い方を覚える。（　　）
9 数年前に植えた木の幹が太くなった。（　　）
10 祖父母は団地に住んでいる。（　　）
11 店に赤ちゃんの休けい室を設ける。（　　）
12 明日の会議の資料が配られる。（　　）
13 毎朝同じ時間に脈を測る。（　　）
14 学校では放送部に属する。（　　）
15 お寺にりっぱな日本庭園を造る。（　　）
16 チャンスの場面で期待に応える。（　　）
17 本校には百年の伝統がある。（　　）
18 風が強いので眼帯で目を保護する。（　　）
19 三代続いた酒屋が絶える。（　　）
20 備えあればうれいなし（　　）

模《も》擬《ぎ》テスト

実際の試験と同じ形式の模《も》擬《ぎ》テストを２回掲《けい》載《さい》しています。実際の試験は60分ですので、自分で時間を計ってやってみましょう。答え合わせも正確に行いましょう。合格点の目安は200点満点中の140点(70%程度)です。

頻出度順 漢字検定6級問題集 別冊

漢字検定 6級

合格ブック

暗記に役立つ!

- 絶対覚える 6級配当漢字表
- 資料❶ 重要な じゅく字訓・当て字
- 資料❷ 重要な 特別な読み
- 資料❸ よく出る 部首の問題
- 資料❹ よく出る 対義語の問題
- 資料❺ よく出る 類義語の問題
- 資料❻ よく出る じゅく語の構成の問題
- 資料❼ よく出る 漢字の音訓の問題
- 資料❽ 間違えやすい 書き取りの問題

成美堂出版

← 矢印の方向に引くと、取り外せます。

絶対覚える 6級配当漢字表 193字

6級の漢字検定でかならず出題される漢字です。これは、小学校五年生で習う漢字で、193字あります。漢字の正しい形、音読み、訓読み、部首、書き順などを覚えましょう。（　）がついた読みは、上級に出る読み方で、6級には出題されません。㊥は中学校で学習する読みで4級以上、㊫は高等学校で学習する読みで準2級以上で出題されます。

見本	説明
5	画数
ア	◀五十音順です
圧	◀漢字
[アツ]	◀読み　カタカナは音読み　ひらがなは訓読み　黒字は送りがな　（　）㊫は高校で学習する読み　（　）㊥は中学校で学習する読み
土 つち	◀部首と部首名
血圧《けつあつ》・気圧《きあつ》 圧勝《あっしょう》	◀用例
圧圧圧圧圧	書き順

	圧	囲	移	因	永
画数	5	7	11	6	5
五十音	ア	イ			エ
読み	[アツ]	[イ] [かこむ] [かこう]	[イ] [うつる] [うつす]	[イン] (よる)㊫	[エイ] [ながい]
部首	土 つち	口 くにがまえ	禾 のぎへん	口 くにがまえ	水 みず
用例	血圧《けつあつ》・気圧《きあつ》 圧勝《あっしょう》	周囲《しゅうい》・包囲《ほうい》	移動《いどう》・移民《いみん》 移築《いちく》・移《うつ》る	原因《げんいん》・因子《いんし》 勝因《しょういん》・敗因《はいいん》	永久《えいきゅう》・永住《えいじゅう》 永続《ながつづ》き
書き順	圧圧圧圧圧	囲囲囲囲囲囲囲	移移移移移移移移移移移	因因因因因因	永永永永永

営

12

[エイ]
[いとなむ]

⺍ つかんむり

営業《えいぎょう》・経営《けいえい》
日々《ひび》の営《いとな》み

衛

16

[エイ]

行 ぎょうがまえ ゆきがまえ

衛生《えいせい》・衛星《えいせい》
自衛《じえい》・前衛《ぜんえい》

易

8

[エキ]
[イ]
[やさしい]

日 ひ

貿易《ぼうえき》・容易《ようい》
易《やさ》しい本《ほん》

益

10

[エキ]
(ヤク)㊒

皿 さら

利益《りえき》・有益《ゆうえき》
益鳥《えきちょう》・損益《そんえき》

液

11

[エキ]

氵 さんずい

液体《えきたい》・血液《けつえき》
液状《えきじょう》

演

14

[エン]

氵 さんずい

演説《えんぜつ》・上演《じょうえん》
役《やく》を演《えん》じる

オ

応

7

[オウ]
[こたえる]

心 こころ

応急《おうきゅう》・適応《てきおう》
応《こた》える

往

8

[オウ]

彳 ぎょうにんべん

往来《おうらい》・往復《おうふく》
立往生《たちおうじょう》

桜

10

(オウ)㊒
[さくら]

木 きへん

桜色《さくらいろ》・桜《さくら》もち
山桜《やまざくら》

カ

可

5

[カ]

口 くち

可決《かけつ》・許可《きょか》
可能性《かのうせい》

画数	漢字	読み	部首	用例	筆順
6	仮	[カ] (ケ)中 [かり]	イ にんべん	仮説《かせつ》・仮名《かな》 仮《かり》の宿《やど》	仮仮仮仮仮仮
8	価	[カ] (あたい)高	イ にんべん	定価《ていか》・評価《ひょうか》 栄養価《えいようか》	価価価価価価価価
8	河	[カ] [かわ]	氵 さんずい	銀河《ぎんが》・河原《かわら》 氷河期《ひょうがき》	河河河河河河河河
12	過	[カ] [すぎる] [すごす] (あやまつ)高 (あやまち)高	辶 しんにょう しんにゅう	通過《つうか》・過信《かしん》 昼過《ひるす》ぎ	過過過過過過過過過過過過
7	快	[カイ] [こころよい]	忄 りっしんべん	快晴《かいせい》・軽快《けいかい》 快《こころよ》い風《かぜ》	快快快快快快快
13	解	[カイ] (ゲ)高 [とく] [とかす] [とける]	角 つのへん	理解《りかい》・解説《かいせつ》 雪解《ゆきど》け	解解解解解解解解解解解解解
10	格	[カク] (コウ)高	木 きへん	資格《しかく》・格言《かくげん》 本格的《ほんかくてき》	格格格格格格格格格格
15	確	[カク] [たしか] [たしかめる]	石 いしへん	確信《かくしん》・正確《せいかく》 確《たし》かな情報《じょうほう》	確確確確確確確確確確確確確確確
18	額	[ガク] [ひたい]	頁 おおがい	金額《きんがく》・総額《そうがく》 富士額《ふじびたい》	額額額額額額額額額額額額額額額額額額
5	刊	[カン]	刂 りっとう	新刊《しんかん》・夕刊《ゆうかん》 休刊日《きゅうかんび》	刊刊刊刊刊

キ

幹 13

[カン]
[みき]

干 かん いちじゅう

幹事《かんじ》・根幹《こんかん》
太《ふと》い幹《みき》

慣 14

[カン]
[なれる]
[ならす]

忄 りっしんべん

慣用《かんよう》・習慣《しゅうかん》
足慣《あしな》らし

眼 11

[ガン]
(ゲン)㊒
(まなこ)㊥

目 めへん

眼科《がんか》・肉眼《にくがん》
眼帯《がんたい》・検眼《けんがん》

紀 9

[キ]

糸 いとへん

紀元《きげん》・世紀《せいき》
風紀《ふうき》

基 11

[キ]
(もと)㊥
(もとい)㊒

土 つち

基本《きほん》・基金《ききん》
基準《きじゅん》・基地《きち》

寄 11

[キ]
[よる]
[よせる]

宀 うかんむり

寄付《きふ》・寄生《きせい》
寄《よ》り道《みち》

規 11

[キ]

見 みる

規則《きそく》・定規《じょうぎ》
規制《きせい》・規格《きかく》

喜 12

[キ]
[よろこぶ]

口 くち

喜色《きしょく》・悲喜《ひき》
大喜《おおよろこ》び

技 7

[ギ]
(わざ)㊥

扌 てへん

技能《ぎのう》・球技《きゅうぎ》
技術《ぎじゅつ》・演技《えんぎ》

義 13

[ギ]

羊 ひつじ

正義《せいぎ》・義務《ぎむ》
有意義《ゆういぎ》

漢字	画数	読み	部首	用例	筆順
逆	9	[ギャク] [さか] [さからう]	⻌ しんにょう しんにゅう	逆流《ぎゃくりゅう》・逆転《ぎゃくてん》 逆《さか》上《あ》がり	逆逆逆逆逆逆逆逆逆
久	3	[キュウ] (ク)㊢ [ひさしい]	ノ の はらいぼう	永久《えいきゅう》・持久《じきゅう》 長《なが》く久《ひさ》しい	久久久
旧	5	[キュウ]	日 ひ	旧式《きゅうしき》・復旧《ふっきゅう》 旧友《きゅうゆう》・旧年《きゅうねん》	旧旧旧旧旧
救	11	[キュウ] [すくう]	攵 のぶん ぼくづくり	救出《きゅうしゅつ》・救助《きゅうじょ》 救急《きゅうきゅう》・救世主《きゅうせいしゅ》	救救救救救救救救救救救
居	8	[キョ] [いる]	尸 かばね しかばね	住居《じゅうきょ》・転居《てんきょ》 居間《いま》・居所《いどころ》	居居居居居居居居

ク

漢字	画数	読み	部首	用例	筆順
許	11	[キョ] [ゆるす]	言 ごんべん	許可《きょか》・特許《とっきょ》 心《こころ》を許《ゆる》す	許許許許許許許許許許許
境	14	[キョウ] (ケイ)㊥ [さかい]	土 つちへん	境界《きょうかい》・心境《しんきょう》 境目《さかいめ》	境境境境境境境境境境境境境境
均	7	[キン]	土 つちへん	均一《きんいつ》・均等《きんとう》 平均《へいきん》	均均均均均均均
禁	13	[キン]	示 しめす	禁止《きんし》・禁物《きんもつ》 解禁《かいきん》	禁禁禁禁禁禁禁禁禁禁禁禁禁
句	5	[ク]	口 くち	語句《ごく》・文句《もんく》 句読点《くとうてん》	句句句句句

11	6	15	11	9 **ケ**
険	件	潔	経	型

険（11）
[ケン]
[けわしい]
阝 こざとへん
険悪（けんあく）・保険（ほけん）
険（けわ）しい山（やま）

件（6）
[ケン]
イ にんべん
条件（じょうけん）・事件（じけん）
用件（ようけん）・件数（けんすう）

潔（15）
[ケツ]
（いさぎよい）高
氵 さんずい
潔白（けっぱく）・高潔（こうけつ）
清潔（せいけつ）

経（11）
[ケイ]
（キョウ）中
[へる]
糸 いとへん
経験（けいけん）・経営（けいえい）
時（とき）を経（へ）る

型（9）**ケ**
[ケイ]
[かた]
土 つち
原型（げんけい）・典型（てんけい）・型紙（かたがみ）
新型（しんがた）・大型（おおがた）

---

9 **コ**	12	11	9	12
故	減	現	限	検

故（9）**コ**
[コ]
（ゆえ）中
攵 ぼくづくり・のぶん
事故（じこ）・故意（こい）
故国（ここく）・故人（こじん）

減（12）
[ゲン]
[へる]
[へらす]
氵 さんずい
減量（げんりょう）・増減（ぞうげん）
体重（たいじゅう）が減（へ）る

現（11）
[ゲン]
[あらわれる]
[あらわす]
王 おうへん・たまへん
表現（ひょうげん）・再現（さいげん）
正体（しょうたい）を現（あらわ）す

限（9）
[ゲン]
[かぎる]
阝 こざとへん
制限（せいげん）・無限（むげん）
力（ちから）の限（かぎ）り

検（12）
[ケン]
木 きへん
検査（けんさ）・点検（てんけん）
検眼（けんがん）・検証（けんしょう）

漢字	画数	読み	部首	部首名	用例
個	10	[コ]	亻	にんべん	個性《こせい》・個数《こすう》 個人的《こじんてき》
護	20	[ゴ]	言	ごんべん	救護《きゅうご》・愛護《あいご》 護岸《ごがん》・弁護《べんご》
効	8	[コウ] [きく]	力	ちから	効率《こうりつ》・無効《むこう》 薬《くすり》が効《き》く
厚	9	(コウ)(中) [あつい]	厂	がんだれ	厚着《あつぎ》・厚紙《あつがみ》 分厚《ぶあつ》い
耕	10	[コウ] [たがやす]	耒	すきへん らいすき	耕地《こうち》・耕作《こうさく》 畑《はたけ》を耕《たがや》す
航	10	[コウ]	舟	ふねへん	運航《うんこう》・航海《こうかい》・欠航《けっこう》・航空機《こうくうき》
鉱	13	[コウ]	金	かねへん	鉱石《こうせき》・鉱脈《こうみゃく》 鉄鉱石《てっこうせき》
構	14	[コウ] [かまえる] [かまう]	木	きへん	構造《こうぞう》・構想《こうそう》 身構《みがま》える
興	16	[コウ] [キョウ] (おこる)(高) (おこす)(高)	臼	うす	興味《きょうみ》・余興《よきょう》 復興《ふっこう》・興業《こうぎょう》
講	17	[コウ]	言	ごんべん	講演《こうえん》・講習《こうしゅう》 講師《こうし》・講堂《こうどう》

告

7

[コク]
[つげる]

口 くち

告白《こくはく》・告知《こくち》・広告《こうこく》
告《つ》げ口《ぐち》・報告《ほうこく》

告告告告告告告

混

11

[コン][こむ]
[まじる]
[まざる]
[まぜる]

氵 さんずい

混在《こんざい》・混成《こんせい》
混《ま》ざり物《もの》

混混混混混混混混混混混

査

9 サ

[サ]

木 き

査定《さてい》・検査《けんさ》
調査《ちょうさ》

査査査査査査査査査

再

6

[サイ]
[サ]
[ふたたび]

冂 どうがまえ けいがまえ まきがまえ

再現《さいげん》・再開《さいかい》
再生紙《さいせいし》

再再再再再再

災

7

[サイ]
(わざわい)㊥

火 ひ

災害《さいがい》・火災《かさい》
防災《ぼうさい》・天災《てんさい》

災災災災災災災

妻

8

[サイ]
[つま]

女 おんな

夫妻《ふさい》・妻子《さいし》
人妻《ひとづま》

妻妻妻妻妻妻妻妻

採

11

[サイ]
[とる]

扌 てへん

採決《さいけつ》・採点《さいてん》
血《ち》を採《と》る

採採採採採採採採採採採

際

14

[サイ]
(きわ)㊢

阝 こざとへん

国際《こくさい》・交際《こうさい》
実際《じっさい》・際限《さいげん》

際際際際際際際際際際際際際際

在

6

[ザイ]
[ある]

土 つち

現在《げんざい》・自在《じざい》
在《あ》りし日《ひ》

在在在在在在

財

10

[ザイ]
(サイ)㊥

貝 かいへん

財産《ざいさん》・財政《ざいせい》
文化財《ぶんかざい》

財財財財財財財財財財

画数	漢字	読み	部首	用例
13	罪	[ザイ] [つみ]	罒 あみがしら あみめ よこめ	犯罪《はんざい》・謝罪《しゃざい》 罪作《つみつく》り
10	殺	[サツ] (サイ)高 (セツ)高 [ころす]	殳 るまた ほこづくり	殺気《さっき》・殺風景《さっぷうけい》 見殺《みごろ》し
14	雑	[ザツ] [ゾウ]	隹 ふるとり	雑音《ざつおん》・雑貨《ざっか》 雑木《ぞうき》林《ばやし》
14	酸	[サン] (すい)高	酉 とりへん	酸味《さんみ》・酸化《さんか》 炭酸《たんさん》
15	賛	[サン]	貝 かい こがい	賛成《さんせい》・絶賛《ぜっさん》 賛同《さんどう》・協賛《きょうさん》

シ

画数	漢字	読み	部首	用例
3	士	[シ]	士 さむらい	力士《りきし》・士気《しき》 飛行士《ひこうし》
4	支	[シ] [ささえる]	支 し	支柱《しちゅう》・支持《しじ》 家計《かけい》を支《ささ》える
5	史	[シ]	口 くち	史実《しじつ》・史上《しじょう》 歴史《れきし》・女史《じょし》
7	志	[シ] [こころざす] [こころざし]	心 こころ	志願《しがん》・大志《たいし》 画家《がか》を志《こころざ》す
8	枝	(シ)高 [えだ]	木 きへん	小枝《こえだ》・枝豆《えだまめ》 枝葉《えだは》

師 10

［シ］

巾 はば

師弟《してい》・教師《きょうし》
医師《いし》

資 13

［シ］

貝 かい こがい

資料《しりょう》・資格《しかく》
物資《ぶっし》・資材《しざい》

飼 13

［シ］
［かう］

飠 しょくへん

飼育《しいく》・飼料《しりょう》
飼《か》い犬《いぬ》

示 5

［ジ］
（シ）㊥
［しめす］

示 しめす

指示《しじ》・提示《ていじ》
見本《みほん》を示《しめ》す

似 7

（ジ）㊥
［にる］

亻 にんべん

似顔《にがお》・似《に》た者《もの》
空似《そらに》

識 19

［シキ］

言 ごんべん

知識《ちしき》・標識《ひょうしき》
常識《じょうしき》・意識《いしき》

質 15

［シツ］
（シチ）㊥
（チ）(高)

貝 かい こがい

声質《せいしつ》・質素《しっそ》
質問《しつもん》・品質《ひんしつ》

舎 8

［シャ］

舌 した

校舎《こうしゃ》・宿舎《しゅくしゃ》
駅舎《えきしゃ》

謝 17

［シャ］
（あやまる）㊥

言 ごんべん

感謝《かんしゃ》・謝罪《しゃざい》
月謝《げっしゃ》・謝礼《しゃれい》

授 11

［ジュ］
（さずける）㊥
（さずかる）㊥

扌 てへん

授業《じゅぎょう》・教授《きょうじゅ》
授賞《じゅしょう》・伝授《でんじゅ》

画数	漢字	読み	部首	部首名	用例
10	修	［シュウ］（シュ）中 ［おさめる］ ［おさまる］	イ	にんべん	改修《かいしゅう》・修理《しゅうり》 身《み》を修《おさ》める
8	述	［ジュツ］ ［のべる］	辶	しんにょう しんにゅう	述語《じゅつご》・記述《きじゅつ》 礼《れい》を述《の》べる
11	術	［ジュツ］	行	ぎょうがまえ ゆきがまえ	手術《しゅじゅつ》・芸術《げいじゅつ》 美術館《びじゅつかん》
13	準	［ジュン］	氵	さんずい	準備《じゅんび》・水準《すいじゅん》 準決勝《じゅんけっしょう》
7	序	［ジョ］	广	まだれ	序文《じょぶん》・序曲《じょきょく》 順序《じゅんじょ》
8	招	［ショウ］ ［まねく］	扌	てへん	招待《しょうたい》・招集《しょうしゅう》 手招《てまね》き
12	証	［ショウ］	言	ごんべん	証明《しょうめい》・検証《けんしょう》 保証書《ほしょうしょ》
12	象	［ショウ］ ［ゾウ］	豕	ぶた いのこ	象形《しょうけい》・気象《きしょう》 対象《たいしょう》・象使《ぞうつか》い
15	賞	［ショウ］	貝	かい こがい	賞金《しょうきん》・賞味《しょうみ》 入賞《にゅうしょう》・賞状《しょうじょう》
7	条	［ジョウ］	木	き	条件《じょうけん》・条約《じょうやく》 信条《しんじょう》

状 (7)

[ジョウ]

犬 いぬ

礼状《れいじょう》・状態《じょうたい》
年賀状《ねんがじょう》

常 (11)

[ジョウ]
[つね]
(とこ)高

巾 はば

常識《じょうしき》・非常口《ひじょうぐち》
常常《つねづね》

情 (11)

[ジョウ]
(セイ)高
[なさけ]

忄 りっしんべん

表情《ひょうじょう》・愛情《あいじょう》
情《なさ》け深《ぶか》い

織 (18)

(ショク)高
[シキ]
[おる]

糸 いとへん

組織《そしき》・織物《おりもの》
毛織《けお》り

職 (18)

[ショク]

耳 みみへん

職場《しょくば》・職員《しょくいん》
辞職《じしょく》・職業《しょくぎょう》

セ

制 (8)

[セイ]

刂 りっとう

規制《きせい》・制限《せいげん》
制《せい》する

性 (8)

[セイ]
(ショウ)高

忄 りっしんべん

性質《せいしつ》・個性《こせい》
可能性《かのうせい》

政 (9)

[セイ]
(ショウ)高
(まつりごと)高

攵 のぶん ぼくづくり

政治《せいじ》・財政《ざいせい》
政府《せいふ》・悪政《あくせい》

勢 (13)

[セイ]
[いきおい]

力 ちから

勢力《せいりょく》・運勢《うんせい》
火《ひ》の勢《いきお》い

精 (14)

[セイ]
(ショウ)中

米 こめへん

精神《せいしん》・精製《せいせい》
森《もり》の精《せい》

画数	漢字	読み	部首	用例
14	製	[セイ]	衣 ころも	製作《せいさく》・製品《せいひん》 手製《てせい》
12	税	[ゼイ]	禾 のぎへん	税金《ぜいきん》・税関《ぜいかん》 消費税《しょうひぜい》
11	責	[セキ] [せめる]	貝 かい こがい	責任《せきにん》・自責《じせき》 責《せ》め苦《く》
17	績	[セキ]	糸 いとへん	成績《せいせき》・功績《こうせき》 業績《ぎょうせき》・実績《じっせき》
11	接	[セツ] (つぐ)㊫	扌 てへん	応接《おうせつ》・接続《せつぞく》 接《せっ》する
11	設	[セツ] [もうける]	言 ごんべん	設計《せっけい》・建設《けんせつ》 席《せき》を設《もう》ける
12	絶	[ゼツ] [たえる] [たやす] [たつ]	糸 いとへん	絶賛《ぜっさん》・絶交《ぜっこう》 命《いのち》を絶《た》つ
ソ 9	祖	[ソ]	ネ しめすへん	先祖《せんぞ》・祖父《そふ》 祖母《そぼ》・元祖《がんそ》
10	素	[ソ] (ス)㊥	糸 いと	酸素《さんそ》・質素《しっそ》 素材《そざい》・素質《そしつ》
14	総	[ソウ]	糸 いとへん	総合《そうごう》・総額《そうがく》 総出《そうで》・総会《そうかい》

漢字	画数	読み	部首	用例
造	10	[ゾウ] [つくる]	辶 しんにょう しんにゅう	構造《こうぞう》・製造《せいぞう》 酒造《さけづく》り
像	14	[ゾウ]	亻 にんべん	画像《がぞう》・仏像《ぶつぞう》 自画像《じがぞう》
増	14	[ゾウ] [ます] [ふえる] [ふやす]	土 つちへん	増進《ぞうしん》・水増《みずま》し 数《かず》が増《ふ》える
則	9	[ソク]	刂 りっとう	規則《きそく》・反則《はんそく》 原則《げんそく》・法則《ほうそく》
測	12	[ソク] [はかる]	氵 さんずい	測定《そくてい》・予測《よそく》 血圧《けつあつ》を測《はか》る

タ

漢字	画数	読み	部首	用例
属	12	[ゾク]	尸 しかばね かばね	金属《きんぞく》・所属《しょぞく》 会《かい》に属《ぞく》する
率	11	(ソツ)㊥ [リツ] [ひきいる]	玄 げん	効率《こうりつ》・倍率《ばいりつ》 兵《へい》を率《ひき》いる
損	13	[ソン] (そこなう)㊥ (そこねる)㊥	扌 てへん	破損《はそん》・損益《そんえき》 損害《そんがい》・損失《そんしつ》
貸	12	(タイ)㊥ [かす]	貝 かい こがい	貸家《かしや》・貸間《かしま》 貸付金《かしつけきん》
態	14	[タイ]	心 こころ	態度《たいど》・生態《せいたい》 状態《じょうたい》・実態《じったい》

	チ			テ
6	11	16	12	11
団	断	築	貯	張
[ダン] (トン)高	[ダン] [ことわる] (たつ)中	[チク] [きずく]	[チョ]	[チョウ] [はる]
口 くにがまえ	斤 おのづくり	⺮ たけかんむり	貝 かいへん	弓 ゆみへん
団体《だんたい》・団結《だんけつ》 団地《だんち》・集団《しゅうだん》	判断《はんだん》・油断《ゆだん》 断《ことわ》りの手紙《てがみ》	建築《けんちく》・改築《かいちく》 富《とみ》を築《きず》く	貯金《ちょきん》・貯水池《ちょすいち》	出張《しゅっちょう》・主張《しゅちょう》 見張《みは》る

テ				ト
11	12	12	14	12
停	提	程	適	統
[テイ]	[テイ] (さげる)中	[テイ] (ほど)中	[テキ]	[トウ] (すべる)高
亻 にんべん	扌 てへん	禾 のぎへん	⻌ しんにょう しんにゅう	糸 いとへん
停止《ていし》・停車《ていしゃ》 停電《ていでん》・調停《ちょうてい》	提出《ていしゅつ》・提案《ていあん》 提示《ていじ》・前提《ぜんてい》	音程《おんてい》・工程《こうてい》 程度《ていど》・日程《にってい》	適応《てきおう》・適切《てきせつ》 適《てき》する	統計《とうけい》・統合《とうごう》 伝統《でんとう》・統一《とういつ》

8	11	15	14	11
毒	得	導	銅	堂

毒（8）
[ドク]
なかれ
母
中毒（ちゅうどく）・消毒（しょうどく）
毒虫（どくむし）・食中毒（しょくちゅうどく）

得（11）
[トク]
[える]
（うる）中
ぎょうにんべん　彳
得意（とくい）・得点（とくてん）
心得（こころえ）・得手（えて）

導（15）
[ドウ]
[みちびく]
寸（すん）
導入（どうにゅう）・指導（しどう）
生徒を導く（せいとをみちびく）

銅（14）
[ドウ]
かねへん　金
銅貨（どうか）・銅像（どうぞう）
銅線（どうせん）・銅賞（どうしょう）

堂（11）
[ドウ]
つち　土
食堂（しょくどう）・公会堂（こうかいどう）
本堂（ほんどう）・議事堂（ぎじどう）

10 ハ	10 ノ	16 ネ	6 ニ	9
破	能	燃	任	独

破（10 ハ）
[ハ]
[やぶる]
[やぶれる]
いしへん　石
破損（はそん）・破格（はかく）
型破り（かたやぶり）

能（10 ノ）
[ノウ]
肉（にく）
知能（ちのう）・芸能（げいのう）
可能性（かのうせい）

燃（16 ネ）
[ネン]
[もえる]
[もやす]
[もす]
ひへん　火
燃料（ねんりょう）・不燃（ふねん）
火が燃える（ひがもえる）

任（6 ニ）
[ニン]
[まかせる]
[まかす]
にんべん　イ
任務（にんむ）・責任（せきにん）
仕事を任せる（しごとをまかせる）

独（9）
[ドク]
[ひとり]
けものへん　犭
独特（どくとく）・単独（たんどく）
独り身（ひとりみ）

漢字	画数	読み	部首	用例	筆順
犯	5	[ハン] (おかす)㊥	犭 けものへん	犯罪《はんざい》・犯人《はんにん》 防犯《ぼうはん》・犯行《はんこう》	犯犯犯犯犯
判	7	[ハン] [バン]	刂 りっとう	判定《はんてい》・判断《はんだん》 評判《ひょうばん》・小判《こばん》	判判判判判判判
版	8	[ハン]	片 かたへん	版画《はんが》・木版《もくはん》 再版《さいはん》・出版《しゅっぱん》	版版版版版版版版
比 (ヒ)	4	[ヒ] [くらべる]	比 ならびひ くらべる	比率《ひりつ》・対比《たいひ》 力比《ちからくら》べ	比比比比
肥	8	[ヒ] [こえる] [こえ] [こやす] [こやし]	月 にくづき	肥料《ひりょう》・肥満《ひまん》 肥《こ》やしになる	肥肥肥肥肥肥肥肥
非	8	[ヒ]	非 あらず ひ	非行《ひこう》・非番《ひばん》 非常口《ひじょうぐち》	非非非非非非非非
費	12	[ヒ] (ついやす)㊥ (ついえる)㊥	貝 かい こがい	費用《ひよう》・消費《しょうひ》 食費《しょくひ》・学費《がくひ》	費費費費費費費費費費費費
備	12	[ビ] [そなえる] [そなわる]	亻 にんべん	準備《じゅんび》・設備《せつび》 備《そな》え付《つ》け	備備備備備備備備備備備備
評	12	[ヒョウ]	言 ごんべん	評価《ひょうか》・評判《ひょうばん》 好評《こうひょう》	評評評評評評評評評評評評
貧	11	(ヒン)㊥ [ビン] [まずしい]	貝 かい こがい	貧《びん》ぼう 貧《まず》しい人《ひと》	貧貧貧貧貧貧貧貧貧貧貧

フ

5

布

[フ]
[ぬの]

巾 はば

配布《はいふ》・毛布《もうふ》
散布《さんぷ》・布地《ぬのじ》

布布布布布

11

婦

[フ]

女 おんなへん

婦人《ふじん》・主婦《しゅふ》
新婦《しんぷ》

婦婦婦婦婦婦婦婦婦婦婦

8

武

[ブ]
[ム]

止 とめる

武士《ぶし》・武器《ぶき》
武者人形《むしゃにんぎょう》

武武武武武武武武

12

復

[フク]

彳 ぎょうにんべん

復習《ふくしゅう》・回復《かいふく》
復活《ふっかつ》・反復《はんぷく》

復復復復復復復復復復復復

14

複

[フク]

衤 ころもへん

複写《ふくしゃ》・複雑《ふくざつ》
複数《ふくすう》・複合《ふくごう》

複複複複複複複複複複複複複複

4

仏

[ブツ]
[ほとけ]

亻 にんべん

念仏《ねんぶつ》・仏像《ぶつぞう》
仏教《ぶっきょう》・仏様《ほとけさま》

仏仏仏仏

10

粉

[フン]
[こ]
[こな]

米 こめへん

粉末《ふんまつ》・花粉《かふん》
小麦粉《こむぎこ》・粉薬《こなぐすり》

粉粉粉粉粉粉粉粉粉粉

へ

15

編

[ヘン]
[あむ]

糸 いとへん

編集《へんしゅう》・長編《ちょうへん》
編《あ》み物《もの》

編編編編編編編編編編編編編編編

5

弁

[ベン]

廾 こまぬき にじゅうあし

弁当《べんとう》・答弁《とうべん》
弁護士《べんごし》

弁弁弁弁弁

ホ

9

保

[ホ]
[たもつ]

亻 にんべん

保険《ほけん》・確保《かくほ》
保護者《ほごしゃ》

保保保保保保保保保

漢字	画数	読み	部首	用例	筆順
墓	13	[ボ] [はか]	土 つち	墓所《ぼしょ》・墓地《ぼち》 墓参《はかまい》り	墓墓墓墓墓墓墓墓墓墓墓墓墓
報	12	[ホウ] (むくいる)㊥	土 つち	情報《じょうほう》・速報《そくほう》 予報士《よほうし》	報報報報報報報報報報報報
豊	13	[ホウ] [ゆたか]	豆 まめ	豊富《ほうふ》・豊作《ほうさく》 豊《ゆた》かな土地《とち》	豊豊豊豊豊豊豊豊豊豊豊豊豊
防	7	[ボウ] [ふせぐ]	阝 こざとへん	防止《ぼうし》・消防《しょうぼう》 風《かぜ》を防《ふせ》ぐ	防防防防防防防
貿	12	[ボウ]	貝 かい こがい	貿易《ぼうえき》 貿易港《ぼうえきこう》	貿貿貿貿貿貿貿貿貿貿貿貿
暴	15	[ボウ] (バク)㊥ [あばれる] (あばく)㊫	日 ひ	暴力《ぼうりょく》・暴風雨《ぼうふうう》 暴《あば》れ馬《うま》	暴暴暴暴暴暴暴暴暴暴暴暴暴暴暴
ミ 脈	10	[ミャク]	月 にくづき	脈動《みゃくどう》・動脈《どうみゃく》 山脈《さんみゃく》・文脈《ぶんみゃく》	脈脈脈脈脈脈脈脈脈脈
ム 務	11	[ム] [つとめる] [つとまる]	力 ちから	義務《ぎむ》・任務《にんむ》 務《つと》めを果《は》たす	務務務務務務務務務務務
夢	13	[ム] [ゆめ]	夕 た ゆうべ	夢中《むちゅう》・夢想《むそう》 初夢《はつゆめ》	夢夢夢夢夢夢夢夢夢夢夢夢夢
メ 迷	9	(メイ)㊥ [まよう]	辶 しんにょう しんにゅう	心《こころ》を迷《まよ》わす 迷子《まいご》	迷迷迷迷迷迷迷迷迷

メ 14
綿
［メン］［わた］
糸 いとへん
綿花《めんか》・海綿《かいめん》
綿毛《わたげ》・綿雲《わたぐも》

ユ 16
輸
［ユ］
車 くるまへん
輸送《ゆそう》・輸血《ゆけつ》
輸入品《ゆにゅうひん》

ヨ 7
余
［ヨ］［あまる］［あます］
人 ひとやね
余白《よはく》・余分《よぶん》
お金《かね》が余《あま》る

10
容
［ヨウ］
宀 うかんむり
内容《ないよう》・容易《ようい》
美容院《びよういん》

リ 11
略
［リャク］
田 たへん
省略《しょうりゃく》・略歴《りゃくれき》
略図《りゃくず》・戦略《せんりゃく》

10
留
［リュウ］［ル］［とめる］［とまる］
田 た
留学《りゅうがく》・留守《るす》
留《と》め金《がね》

14
領
［リョウ］
頁 おおがい
要領《ようりょう》・領土《りょうど》
領海《りょうかい》・領主《りょうしゅ》

レ 14
歴
［レキ］
止 とめる
歴史《れきし》・歴代《れきだい》
歴然《れきぜん》・学歴《がくれき》

資料1 重要な じゅく字訓・当て字

「読み」や「書き取り」などでは、じゅく字訓・当て字の問題もよく出題されます。

使い方▼赤シートをあてて、読みのテストをしましょう。

漢字	読み
明日	あす
大人	おとな
母さん	かあさん
河原・川原	かわら
昨日	きのう
今日	きょう
果物	くだもの
今朝	けさ
景色	けしき
今年	ことし
清水	しみず
上手	じょうず
七夕	たなばた
一日	ついたち
手伝う	てつだう
父さん	とうさん
時計	とけい
友達	ともだち
兄さん	にいさん
姉さん	ねえさん
博士	はかせ
二十日	はつか
一人	ひとり
二人	ふたり
二日	ふつか
下手	へた
部屋	へや
迷子	まいご
真面目	まじめ
真っ赤	まっか
真っ青	まっさお
眼鏡	めがね
八百屋	やおや

資料2

重要な 特別な読み

読みの問題はたくさん出題されるので、しっかり覚えておくようにしましょう。

使い方▼ 文章に赤シートをあてて、大きくなっている部分の漢字の読みを覚えましょう。

- ☑ 西から雨雲《あまぐも》が近づく。
- ☑ 何点《なんてん》で合格かたずねる。
- ☑ 柱に金具《かなぐ》を取り付ける。
- ☑ アリが砂糖《さとう》に群《むら》がる。
- ☑ 三兄弟《きょうだい》で写真をとる。
- ☑ 近くに合戦《かっせん》場あとがある。

- ☑ 試合は再来週《さらいしゅう》の予定だ。
- ☑ 旅行で鹿児島《かごしま》へ行く。
- ☑ 今月七日《なのか》が誕《たん》生日だ。
- ☑ 旅行で一週間留守《るす》にする。
- ☑ わが家は代々続く酒屋《さかや》だ。
- ☑ 厚めの上着《うわぎ》で出かける。

- ☑ 磁石《じしゃく》で実験をする。
- ☑ 船旅《ふなたび》にあこがれる。
- ☑ 父は一年中《じゅう》いそがしい。
- ☑ 天《あま》の川を観察する。
- ☑ 大豆《だいず》は畑の肉といわれる。
- ☑ 絵馬《えま》に願い事を書く。
- ☑ 句読点《くとうてん》の使い方を学ぶ。
- ☑ 白《しら》かべが美しい家に住む。

- ☑ 始業式は一月八日《ようか》だ。
- ☑ 風上《かざかみ》からボールを投げる。
- ☑ 初夏の木《こ》かげはすずしい。
- ☑ 問屋《とんや》で商品を仕入れる。
- ☑ 毎月六日《むいか》は特売日だ。

資料3 よく出る 部首の問題

漢字検定6級では、漢字の部首と部首名が出題されます。両方をセットで覚えるようにしましょう。

使い方▼部首と部首名に赤シートをあてながらまとめて覚えていきましょう。

部首名	部首	漢字
うかんむり	宀	富・容・寄
しんにょう・しんにゅう	辶	迷・適・造
りっとう	刂	判・刊・制
こころ	心	態・応・志
のぶん・ぼくづくり	攵	政・故・救
まだれ	广	序・府・底

部首名	部首	漢字
くにがまえ	囗	団・因・囲
かい・こがい	貝	賀・貿・貧
おおがい	頁	領・額・願
こざとへん	阝	険・際・陸
たけかんむり	⺮	築・節・管
つち	土	墓・圧・在
にんべん	亻	似・修・停
かばね・しかばね	尸	居・属・局

部首名	部首	漢字
ちから	力	効・功・勢
ぎょうにんべん	彳	往・徳・得
くち	口	可・句・告
さんずい	氵	演・河・液
れんが・れっか	灬	然・照・熱
てへん	扌	提・授・接
がんだれ	厂	原・厚
いとへん	糸	総・績・紀
はば	巾	常・布・師
ごんべん	言	許・証・評
しめすへん	礻	祖・祝・礼
りっしんべん	忄	快・慣・性

部首名	部首	漢字
あみがしら・あみめ・よこめ	罒	罪・置
ひ	日	暴・易・旧
ぎょうがまえ・ゆきがまえ	行	衛・街・術
おおざと	阝	郡・都・部
にくづき	月	肥・脈
のぎへん	禾	税・程・種
きへん	木	検・枝・桜
けものへん	犭	独・犯
おんなへん	女	始・婦
た	田	畑・留
かいへん	貝	財・貯

部首名	部首	漢字
かねへん	金	銅・鉱
つちへん	土	境・均・塩
もんがまえ	門	関・開・間
くるまへん	車	輸・輪
つかんむり	⺍	営・巣・単
とりへん	酉	酸・配
ひへん	火	燃・灯・焼
おいかんむり・おいがしら	耂	者・老
くさかんむり	艹	菜・英・芸
ひとあし・にんにょう	儿	児・兆
ひとやね	人	余・令・倉
あなかんむり	穴	究・空

部首名	部首	漢字
うまへん	馬	駅・験
おんな	女	委・妻
かたな	刀	初
き	木	査・条
しょくへん	食	飼・飯
いしへん	石	確・破

よく出る 対義語の問題

対義語の問題は5問出題されます。対義語の組み合わせは一つではないので、じゅく語の意味も考えて覚えましょう。

使い方▼
下の対義語の部分に赤シートをあてて、かくれたじゅく語を考えてみましょう。

第一段

- 結果（けっか） ⇔ 原因（げんいん）
- 反対（はんたい） ⇔ 賛成（さんせい）
- 損失（そんしつ） ⇔ 利益（りえき）
- 損害（そんがい） ⇔ 利益（りえき）
- 共同（きょうどう） ⇔ 単独（たんどく）
- 固体（こたい） ⇔ 液体（えきたい）
- 気体（きたい） ⇔ 液体（えきたい）
- 形式（けいしき） ⇔ 内容（ないよう）

- 回答（かいとう） ⇔ 質問（しつもん）
- 応答（おうとう） ⇔ 質問（しつもん）
- 未来（みらい） ⇔ 過去（かこ）
- 現在（げんざい） ⇔ 過去（かこ）
- 平常（へいじょう） ⇔ 非常（ひじょう）
- 通常（つうじょう） ⇔ 非常（ひじょう）
- 肉体（にくたい） ⇔ 精神（せいしん）
- 生産（せいさん） ⇔ 消費（しょうひ）

第二段

- 正式（せいしき） ⇔ 略式（りゃくしき）
- 本式（ほんしき） ⇔ 略式（りゃくしき）
- 理想（りそう） ⇔ 現実（げんじつ）
- 主語（しゅご） ⇔ 述語（じゅつご）
- 順風（じゅんぷう） ⇔ 逆風（ぎゃくふう）
- 予習（よしゅう） ⇔ 復習（ふくしゅう）
- 失意（しつい） ⇔ 得意（とくい）
- 苦手（にがて） ⇔ 得意（とくい）
- 許可（きょか） ⇔ 禁止（きんし）
- 子孫（しそん） ⇔ 先祖（せんぞ）
- 合唱（がっしょう） ⇔ 独唱（どくしょう）
- 禁止（きんし） ⇔ 許可（きょか）
- 増加（ぞうか） ⇔ 減少（げんしょう）

第三段

- 発車（はっしゃ） ⇔ 停車（ていしゃ）
- 希望（きぼう） ⇔ 絶望（ぜつぼう）
- 有望（ゆうぼう） ⇔ 絶望（ぜつぼう）
- 利益（りえき） ⇔ 損失（そんしつ）
- 用心（ようじん） ⇔ 油断（ゆだん）
- 子孫（しそん） ⇔ 祖先（そせん）
- 修理（しゅうり） ⇔ 破損（はそん）
- 基本（きほん） ⇔ 応用（おうよう）
- 実名（じつめい） ⇔ 仮名（かめい）
- 合成（ごうせい） ⇔ 分解（ぶんかい）
- 接続（せつぞく） ⇔ 切断（せつだん）
- 持続（じぞく） ⇔ 切断（せつだん）
- 減少（げんしょう） ⇔ 増加（ぞうか）

資料5

よく出る 類義語の問題

類義語の問題は5問出題されます。類義語の組み合わせは一つではないので、じゅく語の意味も考えて覚えましょう。

使い方▼ 下の類義語の部分に赤シートをあてて、かくれたじゅく語を考えてみましょう。

- □ 関心《かんしん》＝興味《きょうみ》
- □ 用意《ようい》＝準備《じゅんび》
- □ 発行《はっこう》・□ 刊行《かんこう》・□ 発刊《はっかん》＝出版《しゅっぱん》
- □ 順番《じゅんばん》＝順序《じゅんじょ》
- □ 家屋《かおく》＝住居《じゅうきょ》
- □ 同意《どうい》＝賛成《さんせい》

- □ 返事《へんじ》・□ 返答《へんとう》・□ 回答《かいとう》＝応答《おうとう》
- □ 体験《たいけん》＝経験《けいけん》
- □ 理由《りゆう》・□ 動機《どうき》＝原因《げんいん》
- □ 自立《じりつ》＝独立《どくりつ》
- □ 不在《ふざい》＝留守《るす》

- □ 永遠《えいえん》＝永久《えいきゅう》
- □ 技能《ぎのう》＝技術《ぎじゅつ》
- □ 才能《さいのう》＝素質《そしつ》
- □ 教員《きょういん》・□ 先生《せんせい》＝教師《きょうし》
- □ 火事《かじ》＝火災《かさい》
- □ 平等《びょうどう》＝均等《きんとう》
- □ 様子《ようす》＝状態《じょうたい》
- □ 仕事《しごと》＝職業《しょくぎょう》
- □ 責務《せきむ》＝責任《せきにん》
- □ 着目《ちゃくもく》＝着眼《ちゃくがん》
- □ 中身《なかみ》＝内容《ないよう》
- □ 以前《いぜん》＝過去《かこ》

- □ 役目《やくめ》・□ 責務《せきむ》＝任務《にんむ》
- □ 熱中《ねっちゅう》＝夢中《むちゅう》
- □ 運送《うんそう》＝運輸《うんゆ》
- □ 建設《けんせつ》・□ 建造《けんぞう》＝建築《けんちく》
- □ 指図《さしず》＝指示《しじ》
- □ 生産《せいさん》＝製造《せいぞう》
- □ 衛生《えいせい》＝保健《ほけん》
- □ 決心《けっしん》・□ 決意《けつい》＝決断《けつだん》
- □ 中止《ちゅうし》＝中断《ちゅうだん》
- □ 性質《せいしつ》＝性格《せいかく》

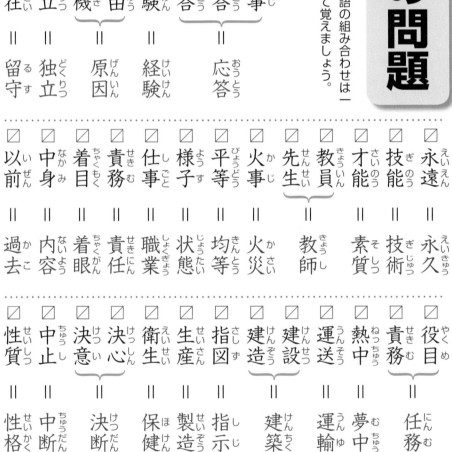

資料6 よく出る じゅく語の構成の問題

じゅく語の構成は10問出題されます。見分け方のコツをつかみましょう。

使い方▼ 2つの漢字がどのような関係になっているかを考え、赤シートを使って読みも確認《にん》しましょう。

ア （反対や対《つい》になる意味の字を組み合わせたもの）でよく出題されるじゅく語

上の字と下の字、それぞれの意味を考え、反対または対応する意味であればこの構成。

（例）新《あたらしい》 ⇔ 旧《ふるい》

- ☐ 新《しん》旧《きゅう》
- ☐ 損《そん》得《とく》
- ☐ 集《しゅう》散《さん》
- ☐ 自《じ》他《た》
- ☐ 得《とく》失《しつ》
- ☐ 加《か》減《げん》
- ☐ 苦《く》楽《らく》
- ☐ 勝《しょう》敗《はい》
- ☐ 発《はっ》着《ちゃく》
- ☐ 出《しゅっ》欠《けつ》
- ☐ 夫《ふ》妻《さい》
- ☐ 寒《かん》暑《しょ》
- ☐ 単《たん》複《ぷく》
- ☐ 利《り》害《がい》
- ☐ 軽《けい》重《ちょう》
- ☐ 売《ばい》買《ばい》
- ☐ 明《めい》暗《あん》
- ☐ 増《ぞう》減《げん》
- ☐ 断《だん》続《ぞく》
- ☐ 昼《ちゅう》夜《や》

イ （同じような意味の字を組み合わせたもの）でよく出題されるじゅく語

上の字と下の字、それぞれの意味を考え、同じような意味であればこの構成。

（例）採《手にとる》 ＝ 取《手にとる》

- ☐ 清《せい》潔《けつ》
- ☐ 均《きん》等《とう》
- ☐ 採《さい》取《しゅ》
- ☐ 計《けい》測《そく》
- ☐ 省《しょう》略《りゃく》
- ☐ 禁《きん》止《し》
- ☐ 移《い》動《どう》
- ☐ 豊《ほう》富《ふ》
- ☐ 居《きょ》住《じゅう》
- ☐ 単《たん》独《どく》
- ☐ 永《えい》遠《えん》
- ☐ 救《きゅう》助《じょ》
- ☐ 衣《い》服《ふく》
- ☐ 表《ひょう》現《げん》
- ☐ 安《あん》易《い》
- ☐ 絵《かい》画《が》

- ☐ 損失《そんしつ》
- ☐ 志望《しぼう》
- ☐ 製作《せいさく》
- ☐ 永久《えいきゅう》
- ☐ 応答《おうとう》
- ☐ 願望《がんぼう》
- ☐ 通過《つうか》
- ☐ 身体《しんたい》

ウ (上の字が下の字の意味を説明(修飾《しょく》)しているもの)でよく出題されるじゅく語

上の字から下の字に読むと意味がわかるものはこの構成。

(例) 国境 — 国の さかいめ

- ☐ 国境《こっきょう》《くにざかい》
- ☐ 大河《たいが》
- ☐ 物価《ぶっか》
- ☐ 永住《えいじゅう》
- ☐ 河口《かこう》
- ☐ 仮説《かせつ》
- ☐ 銅像《どうぞう》
- ☐ 最適《さいてき》
- ☐ 木造《もくぞう》
- ☐ 特技《とくぎ》
- ☐ 銅貨《どうか》
- ☐ 初夢《はつゆめ》
- ☐ 新設《しんせつ》
- ☐ 悲報《ひほう》
- ☐ 県境《けんざかい》
- ☐ 水圧《すいあつ》
- ☐ 小枝《こえだ》
- ☐ 快走《かいそう》
- ☐ 気圧《きあつ》
- ☐ 大仏《だいぶつ》

- ☐ 朝刊《ちょうかん》
- ☐ 墓地《ぼち》
- ☐ 急増《きゅうぞう》
- ☐ 酸性《さんせい》

エ (下の字から上の字へ返って読むと意味がよくわかるもの)でよく出題されるじゅく語

下の字に「て・に・を・は」をつけ、下の字から上の字に読むことができればこの構成。

(例) 検温 — 温度(を) 調べる

- ☐ 検温《けんおん》
- ☐ 造船《ぞうせん》
- ☐ 入団《にゅうだん》
- ☐ 護身《ごしん》
- ☐ 禁漁《きんりょう》
- ☐ 寄港《きこう》
- ☐ 造園《ぞうえん》
- ☐ 休職《きゅうしょく》
- ☐ 求職《きゅうしょく》
- ☐ 採光《さいこう》
- ☐ 転居《てんきょ》
- ☐ 製鉄《せいてつ》
- ☐ 休刊《きゅうかん》
- ☐ 保温《ほおん》
- ☐ 採血《さいけつ》
- ☐ 謝罪《しゃざい》
- ☐ 加熱《かねつ》
- ☐ 製紙《せいし》
- ☐ 防火《ぼうか》
- ☐ 断水《だんすい》
- ☐ 防災《ぼうさい》
- ☐ 増税《ぞうぜい》
- ☐ 製本《せいほん》
- ☐ 防水《ぼうすい》

資料7

よく出る 漢字の音訓の問題

ふりがなは、カタカナが音読み、ひらがなが訓読みです。

使い方▼じゅく語に赤シートをあてて、音と訓の区別をつけながら読めるようにしましょう。

ア（音読みと音読みの組み合わせ）のじゅく語

夫《フ》妻《サイ》
混《コン》合《ゴウ》
暴《ボウ》風《フウ》
安《アン》易《イ》

招《ショウ》待《タイ》
指《シ》示《ジ》
永《エイ》遠《エン》
解《カイ》決《ケツ》

測《ソク》定《テイ》
夢《ム》中《チュウ》
武《ブ》士《シ》
余《ヨ》分《ブン》

財《ザイ》産《サン》
医《イ》師《シ》
感《カン》情《ジョウ》
混《コン》同《ドウ》

領《リョウ》土《ド》
校《コウ》舎《シャ》
大《ダイ》仏《ブツ》
清《セイ》潔《ケツ》

弁《ベン》当《トウ》
住《ジュウ》居《キョ》
移《イ》民《ミン》
禁《キン》止《シ》

耕《コウ》作《サク》
出《シュッ》張《チョウ》
暴《ボウ》力《リョク》
分《ブン》布《プ》

要《ヨウ》領《リョウ》
仮《カ》定《テイ》
検《ケン》査《サ》
酸《サン》素《ソ》

志《シ》望《ボウ》
正《セイ》常《ジョウ》
大《タイ》河《ガ》
綿《メン》花《カ》

イ（音読みと訓読みの組み合わせ）のじゅく語

雑《ゾウ》木《き》
総《ソウ》出《で》
旧《キュウ》型《がた》
残《ザン》高《だか》

新《シン》芽《め》
新《シン》型《がた》
格《カク》安《やす》
無《ム》口《くち》

新《シン》顔《がお》
重《ジュウ》箱《ばこ》
仕《シ》事《ごと》
団《ダン》子《ご》

現《ゲン》場《ば》
県《ケン》境《ざかい》
両《リョウ》足《あし》
試《シ》合《あい》

味《ミ》方《かた》
両《リョウ》側《がわ》
両《リョウ》手《て》
職《ショク》場《ば》

親《シン》身《み》
先《セン》手《て》
毎《マイ》朝《あさ》
両《リョウ》耳《みみ》

ウ（訓読みと訓読みの組み合わせ）のじゅく語

- 国《くに》境《ざかい》
- 織《お》物《もの》
- 仏《ほとけ》心《ごころ》
- 綿《わた》雲《ぐも》
- 境《さかい》目《め》
- 厚《あつ》紙《がみ》
- 枝《えだ》豆《まめ》
- 綿《わた》毛《げ》
- 初《はつ》夢《ゆめ》
- 桜《さくら》貝《がい》
- 仏《ほとけ》様《さま》
- 葉《は》桜《ざくら》
- 枝《えだ》葉《は》
- 綿《わた》雪《ゆき》
- 桜《さくら》色《いろ》
- 枝《えだ》先《さき》
- 枝《えだ》道《みち》
- 花《はな》束《たば》
- 山《やま》桜《ざくら》
- 書《か》留《とめ》
- 街《まち》角《かど》
- 薬《くすり》指《ゆび》
- 似《に》顔《がお》
- 遠《とお》浅《あさ》
- 厚《あつ》手《で》
- 塩《しお》水《みず》
- 墓《はか》場《ば》
- 真《ま》綿《わた》
- 粉《こな》雪《ゆき》
- 厚《あつ》着《ぎ》
- 歌《うた》声《ごえ》
- 塩《しお》味《あじ》
- 糸《いと》車《ぐるま》
- 港《みなと》町《まち》
- 秋《あき》風《かぜ》
- 墓《はか》石《いし》
- 首《くび》輪《わ》
- 春《はる》風《かぜ》
- 大《おお》型《がた》
- 初《はつ》孫《まご》
- 古《ふる》着《ぎ》
- 朝《あさ》日《ひ》
- 花《はな》火《び》
- 青《あお》空《ぞら》
- 名《な》札《ふだ》
- 品《しな》物《もの》
- 寒《さむ》空《ぞら》
- 矢《や》印《じるし》

エ（訓読みと音読みの組み合わせ）のじゅく語

- 桜《さくら》草《ソウ》
- 大《おお》判《バン》
- 布《ぬの》地《ジ》
- 手《て》製《セイ》
- 梅《うめ》酒《シュ》
- 布《ぬの》製《セイ》
- 消《けし》印《イン》
- 厚《あつ》地《ジ》
- 塩《しお》気《ケ》
- 係《かかり》員《イン》
- 係《かかり》長《チョウ》
- 道《みち》順《ジュン》
- 横《よこ》町《チョウ》
- 手《て》帳《チョウ》
- 手《て》相《ソウ》
- 紙《かみ》製《セイ》
- 店《みせ》番《バン》
- 大《おお》勢《ゼイ》
- 手《て》順《ジュン》
- 身《み》分《ブン》
- 建《たて》具《グ》
- 指《さし》図《ズ》
- 手《て》数《カズ》
- 組《くみ》曲《キョク》
- 場《ば》所《ショ》
- 合《あい》図《ズ》
- 強《つよ》気《キ》
- 野《の》宿《ジュク》

資料8

間違えやすい 書き取りの問題

書き取りの問題は数多く出題されます。試験では全部書けるように勉強しておきましょう。

使い方▼解答部分に赤シートをあてて、上の問題の漢字を覚えましょう。

問題	解答
アツい本を読む。	厚
アツいお茶を飲む。	熱
アツい夏が好きだ。	暑
家具をとなりの部屋に**ウツ**す。	移
黒板の文字を書き**ウツ**す。	写
本日の**エイギョウ**は終了しました。	営業

問題	解答
エイエンの平和を求める。	永遠
エイセイからの電波を受信する。	衛星
リエキを計算する。	利益
ケツエキ型はA型だ。	血液
布を**オ**る。	織
木の枝を**オ**る。	折

問題	解答
犬を**カ**う。	飼
デパートでおもちゃを**カ**う。	買
友人に本を**カ**す。	貸
友人から本を**カ**りる。	借
平均的な**カカク**を調べる。	価格
空き教室の利用を**キョカ**する。	許可
毎朝欠かさず**チョウカン**を読む。	朝刊
早寝早起きが**シュウカン**だ。	習慣
シンカンセンで九州へ行く。	新幹線
キュウキュウシャで病院に運ばれた。	救急車

	問題	答え
☐	**キュウショク**を食べ終えたので校庭に出た。	給食
☐	子どもの人口が**ゲンショウ**している。	減少
☐	宿題の提出**キゲン**が過ぎた。	期限
☐	カブトムシを**サイシュウ**する。	採集
☐	**サイガイ**に備える。	災害
☐	休けいを終えて勉強を**サイカイ**した。	再開
☐	**サカダ**ちが出来るようになった。	逆立
☐	急な**サカミチ**をのぼる。	坂道
☐	君の意見に**サンセイ**だ。	賛成
☐	**サンミ**のきいた料理を好む。	酸味

	問題	答え
☐	住んでいる町の**レキシ**を学ぶ。	歴史
☐	**イシ**の指示に従う。	医師
☐	クラスの**シイク**係に選ばれた。	飼育
☐	コンクールで**ショウジョウ**をもらった。	賞状
☐	身分**ショウメイ**書が必要だ。	証明
☐	友達の誕生会に**ショウタイ**された。	招待
☐	**セイジ**について学ぶ。	政治
☐	不くつの**セイシン**でやりとげる。	精神
☐	**テイデン**になったのでかい中電灯をつけた。	停電
☐	旅行の**ニッテイ**を確かめる。	日程

	問題	答え
☐	暗算が**トクイ**だ。	得意
☐	**ドウトク**の教科書を音読する。	道徳
☐	新しい学校に**ナ**れた。	慣
☐	クラクションを**ナ**らす。	鳴
☐	にせものを**ハンベツ**する。	判別
☐	**ハンニン**の顔写真が公開された。	犯人
☐	年を**ヘ**るごとに改善された。	経
☐	体重が三キロ**ヘ**る。	減
☐	**ボウエキ**関係の仕事をしたい。	貿易
☐	外では**ボウフウ**が吹いている。	暴風

都道府県名一覧《らん》

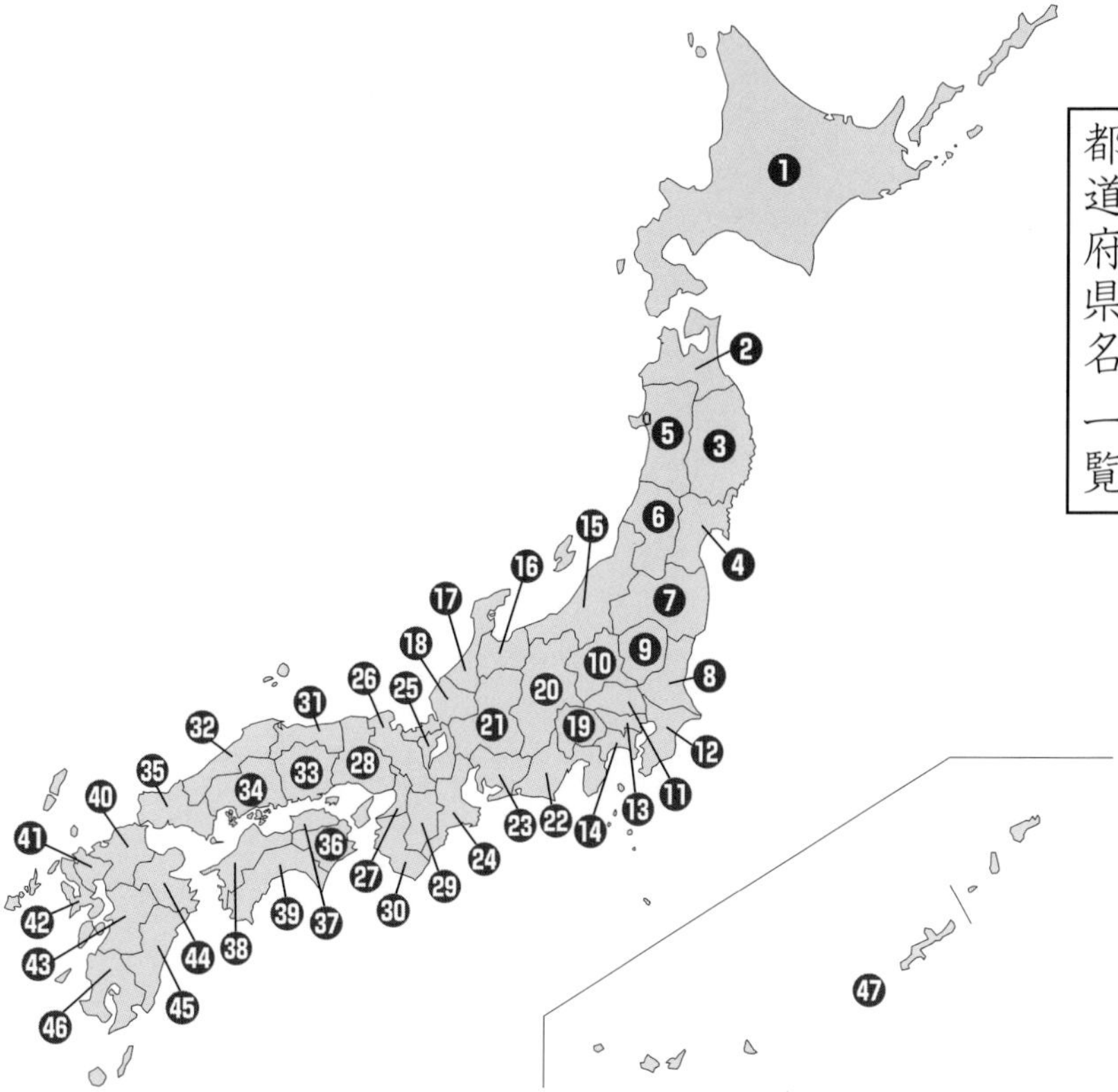

1	2	3	4	5	6	7	8	9	10	11	12	13	14	15	16
北海道《ほっかいどう》	青森《あおもり》県	岩手《いわて》県	宮城《みやぎ》県	秋田《あきた》県	山形《やまがた》県	福島《ふくしま》県	茨城《いばらき》県	栃木《とちぎ》県	群馬《ぐんま》県	埼玉《さいたま》県	千葉《ちば》県	東京都《とうきょうと》	神奈川《かながわ》県	新潟《にいがた》県	富山《とやま》県

17	18	19	20	21	22	23	24	25	26	27	28	29	30	31	32
石川《いしかわ》県	福井《ふくい》県	山梨《やまなし》県	長野《ながの》県	岐阜《ぎふ》県	静岡《しずおか》県	愛知《あいち》県	三重《みえ》県	滋賀《しが》県	京都府《きょうとふ》	大阪府《おおさかふ》	兵庫《ひょうご》県	奈良《なら》県	和歌山《わかやま》県	鳥取《とっとり》県	島根《しまね》県

33	34	35	36	37	38	39	40	41	42	43	44	45	46	47
岡山《おかやま》県	広島《ひろしま》県	山口《やまぐち》県	徳島《とくしま》県	香川《かがわ》県	愛媛《えひめ》県	高知《こうち》県	福岡《ふくおか》県	佐賀《さが》県	長崎《ながさき》県	熊本《くまもと》県	大分《おおいた》県	宮崎《みやざき》県	鹿児島《かごしま》県	沖縄《おきなわ》県

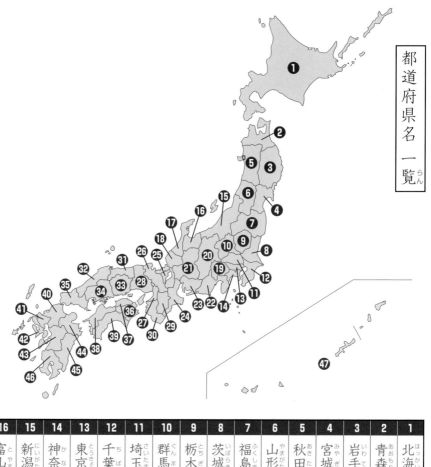

矢印の方向に引くと、取り外せます。→